Você sabe atingir seus objetivos?

ANDY SMITH

Você sabe atingir seus objetivos?

Estratégias para transformar sua vida

Editora Senac São Paulo – São Paulo – 2012

Um livro da Dorling Kindersley
http://www.dk.com

ADMINISTRAÇÃO REGIONAL DO SENAC NO ESTADO DE SÃO PAULO
Presidente do Conselho Regional: Abram Szajman
Diretor do Departamento Regional: Luiz Francisco de A. Salgado
Superintendente Universitário e de Desenvolvimento:
Luiz Carlos Dourado

EDITORA SENAC SÃO PAULO
Conselho Editorial:
Luiz Francisco de A. Salgado
Luiz Carlos Dourado
Darcio Sayad Maia
Lucila Mara Sbrana Sciotti
Jeane Passos Santana

Gerente/Publisher: Jeane Passos Santana (jpassos@sp.senac.br)

Coordenação Editorial:
Márcia Cavalheiro Rodrigues de Almeida (mcavalhe@sp.senac.br)
Thaís Carvalho Lisboa (thais.clisboa@sp.senac.br)

Comercial: Jeane Passos Santana (jpassos@sp.senac.br)
Administrativo: Luis Américo Tousi Botelho (luis.tbotelho@sp.senac.br)

Tradução: Renata Lucia Bottini
Edição de Texto: Pedro Barros
Preparação de Texto: Maisa Kawata
Revisão de Texto: Sandra Kato, Tulio Kawata
Projeto Gráfico Original e Capa: Dorling Kindersley Books
Editoração Eletrônica: Nobuca Rachi
Impressão e Acabamento: Dorling Kindersley Books

Título original:
WorkLife: Achieve your Goals
Copyright © Dorling Kindersley Limited, 2006
Copyright de texto © Andy Smith, 2006

Proibida a reprodução sem autorização expressa.
Todos os direitos desta edição reservados à
Editora Senac São Paulo
Rua Rui Barbosa, 377 – 1º andar – Bela Vista – CEP 01326-010
Caixa Postal 1120 – CEP 01032-970 – São Paulo – SP
Tel. (11) 2187-4450 – Fax (11) 2187-4486
E-mail: editora@sp.senac.br
Home page: http://www.editorasenacsp.com.br

© Edição Brasileira: Editora Senac São Paulo, 2009

Dados Internacionais de Catalogação na Publicação (CIP)
(Câmara Brasileira do Livro, SP, Brasil)

Smith, Andy
Você sabe atingir seus objetivos? : estratégias para
transformar sua vida / Andy Smith ; [tradução Renata Lucia
Bottini]. -- São Paulo : Editora Senac São Paulo, 2009. --
(Dia a Dia no Trabalho)

Título original: Worklife: Achieve your Goals

ISBN 978-85-7359-834-6

1. Autorrealização 2. Metas (Psicologia) 3. Sucesso
4. Sucesso em negócios I. Título. II. Série.

09-02642   CDD-158.1

Índice para catálogo sistemático:
1. Metas de vida : Psicologia aplicada   158.1

Sumário

1 **Você decide**

14 Assuma a responsabilidade

18 Desenvolva seu poder pessoal

22 Limpe a desordem interior

24 O poder de seu inconsciente

30 Focalize-se naquilo que quer

32 Olhe para sua vida apreciativamente

38 Desenvolva sua autoconsciência

2 **Decida o que é importante**

44 Olhe para diante

46 Conheça seus valores

52 Resolva os conflitos de valores

3 Retire os obstáculos

- 58 Vença as crenças restritivas
- 62 Resolva os problemas
- 70 Lide com outras pessoas
- 72 Lide com as críticas

4 Crie a visão que deseja

- 76 Estabeleça objetivos
- 78 Faça o estabelecimento de objetivos funcionar
- 82 Ache um caminho para objetivos de sucesso
- 90 Coloque o objetivo em seu futuro

5 Chegando lá

- 98 Faça seus objetivos acontecerem
- 102 Focalize-se nos resultados que deseja
- 104 Aproveite suas forças
- 106 Manobre a sobrecarga
- 110 Justifique sua autoimagem
- 112 Cuide de si mesmo
- 114 Aprenda com seus erros
- 116 Para além de seus objetivos

- 118 **Índice**
- 120 **Agradecimentos**

Introdução

Você gostaria que sua vida fosse diferente? A maior parte das pessoas quer mudar alguma coisa na vida, ou escolhendo um novo caminho profissional, ou encontrando a alma gêmea ou colocando as finanças em ordem.

O fato de estar lendo este livro significa que você está considerando mudar. Como a maior parte das pessoas, já tentou fazer mudanças em sua vida. Provavelmente descobriu que algumas eram mais fáceis do que outras e que algumas mudanças duraram, mas outras não. Qual era a diferença entre elas?

> **A mudança acontecerá se você estiver pronto e for capaz de tomar as medidas necessárias**

Praticamente qualquer mudança é possível se todos os fatores trabalharem a favor dela. Em primeiro lugar, aceite a si mesmo. Algumas vezes, as pessoas evitam examinar realisticamente suas vidas porque temem o que encontrarão e como se sentirão a respeito de si. Começar com uma atitude de aceitação resolve o problema. Você pode avaliar seu modo de ser atual objetivamente, sem se julgar. Em segundo lugar, certifique-se de que sabe o que quer. Pode usar os métodos de *Você sabe atingir seus objetivos?* para esclarecer sua visão de onde quer chegar e resolver quaisquer dúvidas e incertezas, de modo a estar seguro de que isso é o que realmente deseja. Por fim, use métodos prazerosos para o cérebro atingir seus objetivos. Sua mente é um mecanismo incrivelmente poderoso e complexo. Responderá bem a algumas abordagens e resistirá a outras com toda a força.

Este livro lhe mostrará as melhores maneiras de tornar seus objetivos atraentes e manter sua mente motivada. Funcionará melhor quando você começar com a autoavaliação na página seguinte e estudar todo o livro do início ao fim. Se possível, arranje um parceiro no estabelecimento de objetivos, de modo que vocês apoiem-se um ao outro ao longo do caminho. Isso ajuda porque, muitas vezes, você pode ganhar *insights* adicionais de seu parceiro ao fazer os exercícios juntos: também, quando fala com outra pessoa sobre seus objetivos, eles se tornam mais reais e sua obtenção mais provável. Se não conseguir encontrar um parceiro de imediato, fazer os exercícios sozinho também funcionará – mas você precisa realizá-los, não só pensar neles, para que sejam realmente eficazes.

INTRODUÇÃO 7

Avalie suas habilidades

Estas perguntas se destinam a fazê-lo pensar sobre como estabelecer objetivos que podem levar a novos *insights*, não importa se você é experiente em atingir objetivos ou se está apenas começando. Para beneficiar-se totalmente, faça a avaliação duas vezes – uma, antes de ler o livro, e, outra, depois de lê-lo e – isto é essencial – de ter feito os exercícios práticos. Quanto mais honesto você for consigo mesmo, maiores benefícios obterá.

Antes Depois

1 Quando você pensa sobre os problemas que enfrenta, qual é seu primeiro instinto?
A Culpo outras pessoas.
B Culpo a mim mesmo.
C Aceito a responsabilidade e penso sobre o que posso fazer para mudar as coisas.

2 Quando as coisas não dão certo como você quer, qual é sua resposta?
A Sinto que fracassei.
B Redobro meus esforços.
C Pergunto-me o que posso aprender com a experiência.

3 Que tipo de diálogos internos você tem?
A São cruciais.
B Eles me apoiam e encorajam.
C Não tenho diálogos internos – minha "voz interior" fica em silêncio a maior parte do tempo.

4 Como se sente a respeito de seu emprego atual?
A Não faço nada além do que tenho de fazer.
B Na verdade ele não me convém, mas trabalho duro por questão de orgulho.
C Meu trabalho está me levando para mais perto da realização do propósito de minha vida.

	Antes	Depois

5 Qual destas afirmações está mais próxima de sua filosofia de vida:

A Você ou tem sorte ou não tem.
B As pessoas fazem sua própria sorte.
C Tudo que acontece é uma oportunidade para aprender.

6 Por que é importante para você atingir seus objetivos?

A Realmente, não pensei nisso.
B Porque não quero permanecer onde estou agora.
C Para aumentar as possibilidades abertas a mim.

7 Como se sente a respeito de seus pontos fortes?

A Não estou certo sobre quais são.
B São melhores do que os da maioria das pessoas, mas nunca são bons o bastante.
C Conheço meus pontos fortes e estou sempre pronto a melhorá-los.

8 Qual é sua atitude em relação ao futuro?

A Tento viver o momento.
B Meu futuro está planejado para os próximos cinco anos.
C Sei para onde estou indo e tenho muitos caminhos possíveis para chegar lá.

9 Seus objetivos estão claramente definidos?

A Não muito, são só devaneios.
B Está tudo por escrito e vou chegar lá de qualquer jeito.
C São claros e vívidos, e eu os atualizo à luz de novas informações.

10 Como sabe quando está fazendo um bom trabalho?

A Os outros me dizem.
B Apenas sei.
C Quando minha opinião a respeito dele é confirmada por *feedback* de outras pessoas e evidências objetivas.

AVALIE SUAS HABILIDADES

	Antes	Depois

11. O que aconteceria se você não atingisse seus objetivos?

A A vida continuaria como sempre.
B Tenho de conseguir meus objetivos.
C Espero atingi-los, mas, não importa o que aconteça, vou aprender alguma coisa valiosa no processo.

12. Você sabe claramente o que é importante para você?

A Vagamente.
B Muito claramente; se não soubesse, qualquer coisa poderia acontecer.
C Sei muito bem o que é importante, mesmo se às vezes se realiza de forma inesperada.

13. Você mantém o equilíbrio entre seu trabalho e sua vida?

A Isso não é problema, faço o suficiente para me virar e depois paro.
B Largo tudo quando há um prazo a obedecer.
C Sou realista a respeito do que posso fazer e faço primeiro as coisas importantes.

14. Você merece ter êxito?

A Não mais do qualquer outra pessoa.
B Mereço, porque trabalho duro para isso.
C Mereço – como todo mundo, acho mais fácil render o máximo quando estou feliz e satisfeito.

Pontuação final

	A	B	C
Antes			
Depois			

VOCÊ SABE ATINGIR SEUS OBJETIVOS?

Análise

Predomínio de As

Suas respostas sugerem que você sente que não tem o controle e que qualquer coisa que tentar provavelmente não terá êxito. Não importa o que você queira que aconteça no futuro, provavelmente permanecerá um devaneio, a menos que faça alguma coisa. Para mudar a situação, acompanhe os passos deste livro e faça os exercícios (não os leia apenas). Começando com passos pequenos, viáveis, crie algumas experiências de alcançar objetivos com êxito, para usá-las como referência.

Predomínio de Bs

Você é altamente motivado, um pouco perfeccionista e seu crítico mais severo. Não gosta de ser vencido e se forçará a superar desafios, contra todas as expectativas. Entretanto, pode descobrir que atingir os objetivos algumas vezes se revela menos satisfatório do que imaginava. Pense bem para esclarecer o que é importante e leve em conta o modo como seus objetivos influenciam sua saúde, relacionamentos e felicidade geral.

Predomínio de Cs

Você demonstra ter uma abordagem madura para atingir objetivos – assume a responsabilidade por suas próprias ações, sabe exatamente o que quer e pensa sobre os efeitos secundários que isso pode ter sobre sua vida e relacionamentos. Não se torne superanalítico com seus objetivos, pois isso pode levar à desmotivação. Para recarregar as baterias, cuide de permanecer conectado com o que é importante para você e, de tempos em tempos, tente novas experiências.

Conclusão

Se é a primeira vez que você fez esta autoavaliação, tenha em mente esta análise enquanto lê o livro. Preste atenção especial às áreas realçadas por suas respostas, assim como às dicas e técnicas – elas vão ajudá-lo a reduzir o número de respostas As da próxima vez e conseguir uma mistura mais equilibrada de Bs e Cs. Depois de terminar o livro e colocar as técnicas em prática, volte a fazer a avaliação. Com respostas honestas, você terá uma medida direta de seu progresso – e verá um grande progresso!

1
Você decide

Para chegar a seu destino, você precisa saber por onde começar. Pode obter pistas sobre onde desejou estar hoje, lembrando como você chegou a este ponto. Suas crenças e profecias são autorrealizáveis, por isso, focalizar no que quer e no que já está funcionando vai ajudá-lo a atingir os objetivos restantes. Este capítulo vai lhe mostrar:

- Por que é essencial assumir a responsabilidade pelo lugar em que você se encontra agora
- Como usar a equação de Causa e Efeito
- Como desenvolver seu poder pessoal
- O poder de sua mente inconsciente pode ajudá-lo a conseguir o que quer
- Como desenvolver sua autoconsciência e avaliar onde você está agora

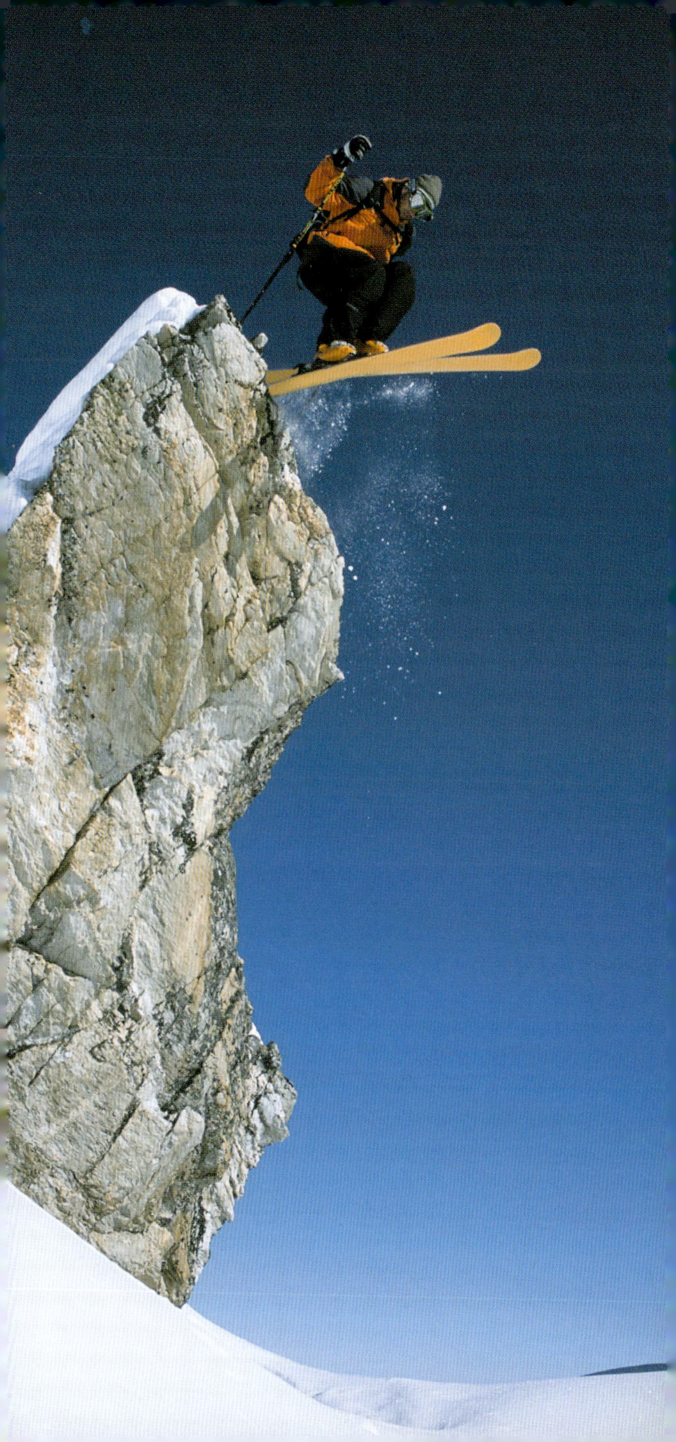

Assuma a responsabilidade

O primeiro passo para mudar sua vida é aceitar a responsabilidade por onde você está agora. Reconheça que você é a única pessoa que pode mudar sua vida e que ninguém mais pode fazê-lo em seu lugar.

Faça as escolhas corretas

Assumir a responsabilidade é simplesmente reconhecer que se tem a capacidade de responder a eventos à medida que ocorrem. Você não pode controlar o que a vida lhe traz. O que pode controlar são as escolhas que faz em resposta. Isso também significa que você tem a responsabilidade de fazer as melhores escolhas que puder, e continuar aprendendo, para expandir o leque de opções disponível. Quanto mais habilidades tiver, mais fácil será fazer a escolha certa, em qualquer situação. Mas isso significa que você tem de fazer tudo sozinho, sem nenhuma assistência externa? Não, há alguns objetivos que só se podem atingir trabalhando com outras pessoas. Você não pode obrigar as pessoas a ajudá-lo, mas pode influenciá-las e inspirá-las a querer ajudá-lo a alcançar seus objetivos.

> **Para obter resultados, além das boas intenções, é necessário agir**

Não se culpe

Assumir responsabilidade não é o mesmo que culpar a si próprio ou a outras pessoas por qualquer coisa que deu errado até agora. Todos (inclusive você) fazem as melhores escolhas que podem, de acordo com o modo como percebem o mundo no momento. Não faz sentido sentir-se culpado sobre coisas que você fez no passado, porque na época você estava fazendo o melhor que podia.

A felicidade depende de nós.

Aristóteles

Pense *feedback*, não fracasso

Quando você não consegue imediatamente o resultado que queria, pode escolher como ver a situação. Uma forma de olhar para as coisas provavelmente nos trará mais maus resultados; uma outra, entretanto, nos dá a possibilidade de aprender com os erros, de modo a não os repetir. Podemos julgar os resultados que não queremos ou como "fracasso" ou como "*feedback*" – informação que nos permite corrigir a trajetória. Qual deles você vai escolher?

Aprenda a julgar os resultados

Se você se acostumar a pensar em si mesmo como um fracassado, estará estabelecendo um círculo vicioso que pode ser difícil romper. Entretanto, se assumir todos os seus resultados – positivos ou negativos – como *feedback*, estará estabelecendo uma cadeia progressiva de eventos. Com ela, você pode aprender.

Rompa o círculo do fracasso

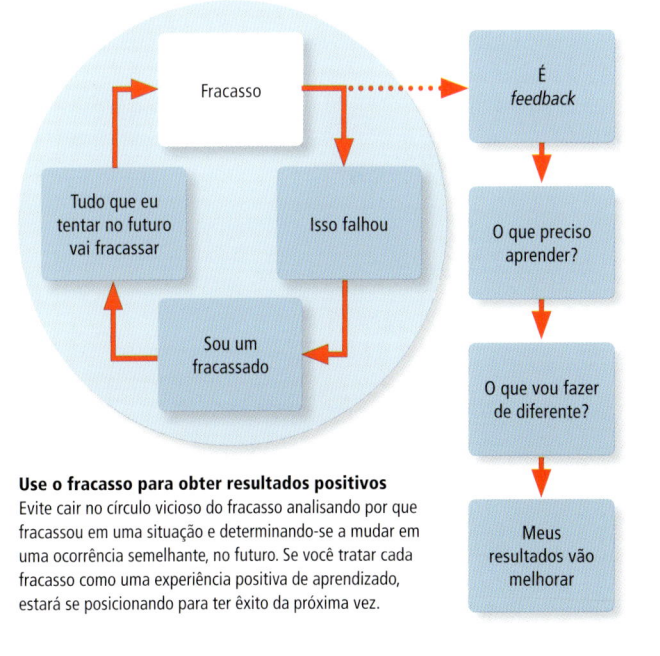

```
Fracasso ·······▶ É feedback
   │                   │
   ▼                   ▼
Isso falhou      O que preciso
   │              aprender?
   ▼                   │
Sou um                 ▼
fracassado       O que vou fazer
   │              de diferente?
   ▼                   │
Tudo que eu            ▼
tentar no futuro  Meus
vai fracassar    resultados vão
                  melhorar
```

Use o fracasso para obter resultados positivos
Evite cair no círculo vicioso do fracasso analisando por que fracassou em uma situação e determinando-se a mudar em uma ocorrência semelhante, no futuro. Se você tratar cada fracasso como uma experiência positiva de aprendizado, estará se posicionando para ter êxito da próxima vez.

É você que faz sua sorte

Você sente que está à mercê dos acontecimentos e que suas possibilidades de êxito são determinadas por sua história passada, suas condições e o que outras pessoas vão lhe permitir fazer? Ou acredita que é o autor de seu próprio destino, que pode construir sua própria sorte e fazer a vida diferente? A maior parte de nós se colocaria entre uma e outra opção. Quanto mais você simpatizar com o segundo ponto de vista, maior será a probabilidade de atingir seus objetivos.

Causa e Efeito

Muitas pessoas se colocam no ponto Efeito do espectro. Acham que suas emoções simplesmente lhes acontecem ou são causadas por outras pessoas. Você pode identificar pistas para a forma como as pessoas pensam nas palavras que escolhem ao expressar-se:

- Ela me aborreceu
- Ele me deixou zangado
- Este congestionamento de trânsito está realmente acabando comigo!

Pensando dessa maneira, estão entregando o poder de como se sentem a outras pessoas – ou mesmo a objetos inanimados –, em vez de controlar seus sentimentos e usá-los para obter efeitos positivos. Estão dizendo que o modo como se sentem, e mesmo o que fazem, está fora de seu controle. É assim que você quer ser? Em vez disso, coloque-se na Causa.

Mude de posição

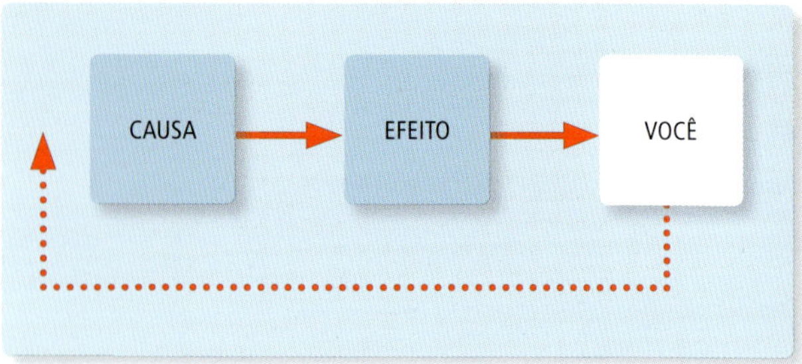

CAUSA → EFEITO → VOCÊ

Identifique Causa e Efeito

CAUSA	EFEITO
Pergunta "Como/O quê?"	Pergunta "Por quê?"
Tem foco no presente/futuro	Tem foco no passado
Aprende com os problemas	Incomoda-se com problemas

Foco no presente

Quando você decide se colocar no ponto Causa do espectro, as coisas mudam. Você, muito provavelmente, acredita no princípio de que qualquer problema pode ser resolvido e se focaliza mais no que quer do que no que não quer. Quando os problemas surgem, em vez de perguntar: "Por que isto está acontecendo comigo?" (pergunta focalizando a atenção no passado), faça perguntas do tipo:

- O que exatamente está acontecendo aqui?
- O que posso fazer para mudar isso?
- O que é que desejo que aconteça em lugar disso?

Essas perguntas colocam sua atenção no presente e no futuro – um foco mais útil do que o passado, se você quer mudar.

Execute ações decisivas

Muitas vezes, a vida pede que você atue com firmeza. Uma equipe médica, por exemplo, deve constantemente tomar decisões-chave sobre os cuidados com os pacientes.

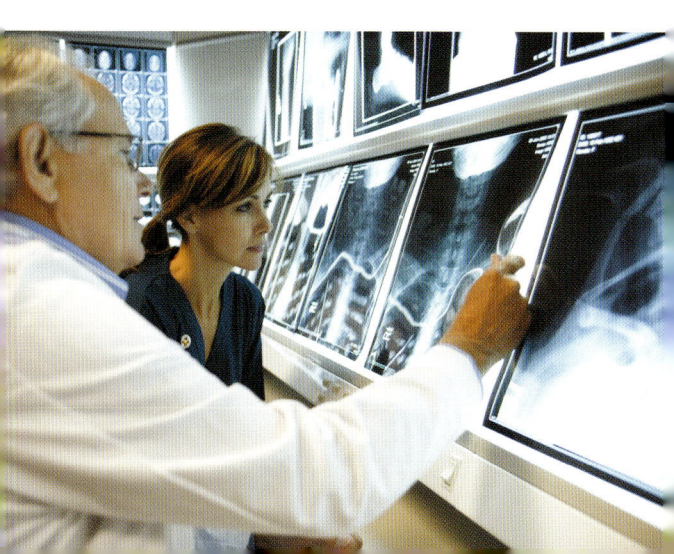

Desenvolva seu poder pessoal

O poder pessoal é sua habilidade de fazer escolhas por si mesmo. Quando o poder é forte, a vida se torna muito mais fácil. Você tem a nítida sensação de que está no controle e que pode fazer as escolhas que desejar.

Desfrute o benefício

Com saudável e bem desenvolvido senso de poder pessoal, você vai descobrir que pode administrar suas emoções, de modo a não fazer coisas, com a cabeça quente, de que mais tarde vai se arrepender. Faz as coisas porque deseja fazê-las, não para agradar os outros. Age compassivamente porque não sente autocompaixão. Sua mente está calma e clara e, ainda assim, alerta. Não importa o que o desafie, você pode responder apropriadamente. Outras pessoas se sentem atraídas por você porque você se sente bem consigo mesmo.

Use seu poder para agir

Algumas pessoas não se sentem confortáveis com a ideia do "poder pessoal", porque para elas a expressão conota dominância sobre outras, distribuindo ordens e dizendo a elas o que fazer. Entretanto, essa concepção está errada. O poder pessoal se refere ao aumento de sua força interior, pessoal – sua confiança em si mesmo e sua habilidade para atingir objetivos. Você vai descobrir que, à medida que constrói experiências de referência para atingir seus objetivos, começando modestamente no início e aumentando gradualmente o nível de desafio, conforme ganha confiança, sua "autoeficácia" (é assim que os psicólogos chamam seu sentimento de poder pessoal) crescerá também. Quando a tiver, você é que vai decidir usá-la com sabedoria. Se você for do tipo de pessoa que tende a se sentir martirizada ou abusada pelos outros, descobrirá que esse sentimento diminuirá gradualmente e seu sentimento de eficácia crescerá, à medida que você começar a aumentar seu poder pessoal.

> **Afirme o positivo, visualize o positivo e espere o positivo.**
> Remez Sasson

Acalmando-se

Esta é uma maneira de acalmar com rapidez sua mente e seu corpo. Quando situações estressantes aparecerem, em geral você não tem tempo para fazer meia hora de ioga, mas pode usar este exercício a qualquer hora, em qualquer lugar.

→ Focalize a atenção em um ponto diretamente diante de você e ligeiramente acima do nível dos olhos. Olhe para ele com "olhar suave", sem se esforçar para focalizar, e pisque sempre que quiser.

> **Conforme os olhos relaxam, a tensão muscular deixa o corpo**

→ Sempre olhando para a frente, deixe que gradualmente seu campo de visão se amplie, enquanto você nota mais e mais o que está em cada lado daquele ponto, até que esteja prestando atenção no que pode ver pelo canto dos olhos dos dois lados, ao mesmo tempo.

→ Agora deixe que sua consciência se alargue ainda mais. Use seus sentidos de audição e de consciência espacial para sentir o que está atrás de você também.

→ Relaxe nessa consciência do entorno e note o que acontece. Permaneça assim por quanto tempo quiser.

O que você notou? A maior parte das pessoas relata um relaxamento crescente – elas notam que a respiração se desacelera e que qualquer debate ou diálogo interno também diminui, ou simplesmente para. Usar sua visão periférica como ajuda para acalmar-se não precisa ser um exercício intensivo. Se você vai fazer uma apresentação, por exemplo, ampliar ligeiramente a visão periférica vai ajudar a aliviar o frio na barriga e também o capacitará para ver respostas não verbais por toda a audiência, em vez de concentrar-se fortemente em indivíduos, perdendo a visão geral. Para descansar os olhos e voltar renovado depois do exercício de visão periférica, esfregue as mãos vigorosamente para aquecê-las, depois coloque as palmas sobre os olhos fechados por alguns segundos.

DESENVOLVA SEU PODER PESSOAL

Centrando-se

Outra maneira de aumentar seu poder pessoal foi inspirada originalmente nas artes marciais. É uma forma de aumentar sua "presença", assim como um modo de permanecer calmo e centrado, não importando o que aconteça a seu redor. Os lutadores descobriram há muito tempo que o lugar em que você focaliza a atenção em seu corpo tem profundo efeito sobre quão calmo você está, se está confortável consigo mesmo e até quão forte se sente. A maior parte dos praticantes atribui grande poder a essa aptidão: alguns chegam a dizer que, quando se está realmente centrado, é impossível sentir medo – embora seja necessária muita prática para isso.

Aumente sua consciência

Quando estiver caminhando ao ar livre, pratique prestar atenção em um ponto central e manter sua visão periférica. Embora possa não ser o que você espera, quando se focalizar em um ponto, vai descobrir que também se torna consideravelmente mais consciente de seu entorno. Muitos cursos de defesa pessoal ensinam o desenvolvimento dessa consciência do entorno como meio de aumentar a segurança pessoal.

TÉCNICAS *para* praticar

Use este exercício para localizar seu "centro" e concentrar seu foco.

Pode ser praticado em qualquer local tranquilo onde possa se concentrar.

1 Fique em pé com os pés separados na largura dos ombros, o peso equilibrado por igual e o corpo relaxado.

2 Dobre ligeiramente os joelhos e concentre seu foco na conexão entre seus pés e o chão.

3 Preste atenção em um ponto alguns centímetros abaixo do umbigo, a meio caminho entre a barriga e as costas. Localize o ponto mentalmente e focalize-se completamente nele.

4 Olhe diretamente para frente e amplie a visão periférica.

Teste se está centrado

É fácil testar se você está centrado e como centrar-se com maior eficiência. Peça a um amigo que empurre seu peito para fazê-lo dar um passo para trás. Tente isso duas vezes – a primeira vez focalizando-se na ponta superior de sua orelha esquerda e, a segunda, centrado. Você notará uma enorme diferença.

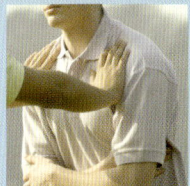

Força Você pode achar que o fato de alguém empurrá-lo e fazê-lo perder o equilíbrio é apenas uma questão de força física. Mude seu foco e verá que não é o caso.

Foco Quando concentra sua energia numa parte periférica de seu corpo (sua orelha esquerda), é muito fácil empurrá-lo e deixá-lo sem equilíbrio, mesmo que você esteja tentando ficar em pé.

Centro Depois que você concentrar suas energias na parte central do corpo, vai descobrir que é mais difícil empurrá-lo para trás – mesmo conscientemente resistindo ao empurrão com menos força.

DICA Imagine projetar uma "bolha de energia" de seu ponto central. Note que resultados obtém.

DESENVOLVA SEU PODER PESSOAL

Limpe a desordem interior

Se você acha que há coisas demais acontecendo ao mesmo tempo e não sabe por onde começar, é sinal de que precisa obter algum espaço mental. De outro modo, você pode terminar apenas apagando incêndios.

Seja eficaz, não ocupado

Hoje, muita gente acredita que "não pode relaxar". Em geral, isso acontece porque sentem que há algo que não querem encarar, por isso tentam distrair-se mantendo-se constantemente ocupadas. O problema é que isso não funciona. Além do tempo perdido em tarefas não essenciais (e você já deve ter percebido que qualquer trivialidade basta, se seu propósito principal é simplesmente estar ocupado), a coisa de que tentam escapar não vai embora. Ainda está apoquentando na mente, distraindo-os daquelas tarefas que estão usando para desviar-se. Contudo, quando você encara as coisas, vai descobrir que elas sempre são mais fáceis de resolver do que você temia.

TÉCNICAS *para* praticar

Antes de começar algo novo, limpar completamente sua mente ajuda.

Este é um exercício fácil de limpeza de mente e pode ser praticado em qualquer lugar.

1 Feche os olhos e focalize-se em sua respiração. Em pouco tempo, ela mudará para um padrão mais relaxado.

2 Se ouvir uma "tagarelice mental", deixe-a acontecer. Ignorada, ela se acalmará.

3 Continue focalizado em sua respiração e vai começar a perceber mais sensações do que de hábito. Note como o ar que inspira é mais frio do que o ar que expira.

4 Cada vez que inspirar, deixe sua atenção seguir o ar mais profundamente no interior de seu corpo.

5 Quando estiver pronto para voltar, abra os olhos. Reserve um momento para notar como se sente revigorado.

Construa um santuário interior

Qual é seu local preferido para relaxar? Todo mundo precisa de um lugar onde possa ir para recarregar as baterias e recobrar as energias perdidas com a vida moderna.

Este exercício foi criado para ajudá-lo a recuperar energias mesmo quando estiver muito longe de um ambiente relaxante.

→ Encontre um lugar confortável onde possa fechar os olhos. Relaxe usando a técnica da respiração da página ao lado.
→ Mentalmente, encontre seu lugar favorito para relaxar. Pode ser um ambiente em sua casa, algum lugar onde esteve em férias, uma lembrança antiga ou até um lugar imaginário. É um local somente para você, onde pode refazer-se.
→ Observe o que vê e tome consciência das cores.
→ Ouça os sons tranquilos e relaxantes.
→ Note como se sente sossegado à medida que absorve a paz e a tranquilidade trazendo-as para dentro de si.
→ Permaneça por quanto tempo desejar, depois volte, refeito.

Encontre tranquilidade Quando tiver encontrado seu refúgio interno ideal, reserve um tempo para aperfeiçoá-lo até satisfazer todos seus critérios para recuperar as energias perdidas.

O poder de seu inconsciente

A antiquada ideia freudiana do inconsciente (chamado, algumas vezes, de subconsciente) era um tipo de masmorra onde prendíamos todos os desejos reprimidos (agressão, luxúria, egoísmo) que não podíamos admitir.

Reconheça seu inconsciente

Na verdade, seu inconsciente contém apenas aquelas partes de seus processos mentais que ocorrem abaixo do radar da consciência. Quando você está conversando, quem escolhe as palavras e a ordem em que elas são pronunciadas? Quando você pega o telefone da mesa, quem está coordenando as dúzias de músculos envolvidos nesse movimento? O que o mantém respirando enquanto dorme? Não é sua mente consciente. Seu inconsciente é capaz de fazer várias tarefas ao mesmo tempo, muito além de suas aptidões conscientes. Mantém bilhões de células e os milhares de sistemas de seu corpo funcionando em relativamente perfeita harmonia. Gerencia seu sistema imunológico, seu sistema digestivo, sua respiração, circulação, e realiza feitos prodigiosos de processamento em tempo real, de que os computadores mais avançados não chegam nem perto.

> **Sua mente inconsciente está trabalhando a seu favor**

Aprenda a usar seu inconsciente

Sua mente inconsciente é como um servidor leal, que executa seus desejos sem necessidade de esforço consciente de sua parte. Ela quer que você tenha êxito e tenta atuar defendendo seus melhores interesses. Gosta de realizar tarefas. Se você não lhe der instrução alguma, ela as apanhará de influências externas – em geral de desenhos publicitários, da mídia ou da pressão de seus pares. Nesse momento, você pode escolher envolver a ajuda de sua mente inconsciente, sendo claro sobre o que quer e dando-lhe instruções precisas a seguir.

DICA Explore a criatividade de sua mente inconsciente e peça-lhe a solução de um problema quando for dormir. Muitas vezes, você vai ter a resposta ao acordar.

Administre sua mente

Sua mente consciente (o "você" que toma decisões, ou sua "vontade") é como o capitão de um navio. A mente inconsciente é a tripulação. Os membros da tripulação sabem quais são suas tarefas e podem desempenhá-las sem que ninguém lhes diga nada. Qual é o trabalho do capitão? Decidir para onde o navio está indo. Muita gente, porém, não usa a mente consciente para o propósito a que foi destinada. No "navio" deles, o capitão está sempre preocupado em verificar se a tripulação está desempenhando seu trabalho, mas esquecendo-se de estabelecer um curso para o navio. Por longos trechos eles ficam parados por calmarias ou rodando em círculos. Em vez disso, você pode selecionar de maneira consciente a rota que deseja e deixar sua mente inconsciente seguir adiante com o trabalho.

use a CABEÇA

Sua mente inconsciente não compreende a palavra "não", por isso é importante que você aprenda a falar de maneira que ela compreenda.

Consiga resultados mais eficazes, tanto de seu inconsciente como de outras pessoas, dizendo-lhes o que quer que façam, em vez do que você não quer. Se um pai disser a uma criança pequena "Não mexa nessas balas", a mente inconsciente da criança ouve "Mexa nessas balas". Da mesma forma, suponha que você queira parar de fumar – se você constantemente disser a si mesmo "Não vou fumar", estará relembrando a si mesmo a existência do cigarro e provavelmente reestimulando seu desejo de fumar. A negação é um conceito lógico, mas você não pode formar uma imagem dela, por isso focalize seu inconsciente em benefícios positivos.

Trabalhe com seu inconsciente

Muita gente tenta fazer mudanças apenas com a força de vontade, sem antes conseguir a concordância da mente inconsciente nem mesmo considerar o que ela poderia estar tentando dizer-lhes. Esse comportamento fará da mudança um trabalho árduo e, em geral, fracassará; assim que a atenção consciente da pessoa estiver em outra parte, a mente inconsciente se voltará diretamente para os velhos hábitos. Alguns gurus da autoajuda tratam a mente inconsciente como um servidor preguiçoso, a ser punido se sair da linha. Mas o que acontece se aquelas dúvidas suprimidas revelarem ser preocupações genuínas que foram omitidas conscientemente? É muito melhor descobrir o que você realmente quer, tanto no plano consciente como no inconsciente, de modo que possa perseguir seus objetivos de todas as maneiras possíveis e fazê-lo com determinação. É isso que os processos deste livro foram projetados a fazer.

5 em apenas MINUTOS

Se você precisar **tomar uma decisão com rapidez**, certifique-se de que está satisfeito com as respostas a estas perguntas antes de agir:

- Será que realmente quero fazer esta mudança?
- Se eu fizer esta mudança, o que vou perder?
- Qual é o propósito do comportamento que estou tentando mudar?
- O que se tornará diferente se eu fizer esta mudança?

Reconheça seus sentimentos

Seu inconsciente usa seus sentimentos para se comunicar com você. Se alguma vez tomou uma grande decisão a despeito de ter alguns receios mal focalizados, porque, racionalmente, não havia nenhuma razão para não ir em frente, pode ser que mais tarde tenha desejado ter prestado mais atenção àquela pequena dúvida, embora ela estivesse se expressando discretamente. Se você não se entusiasma com determinado procedimento, mas não sabe por que, pode ser um sinal de que sua mente consciente deixou passar alguma coisa.

Use o bom senso e o instinto

Porém, uma decisão baseada apenas em suas reações emocionais só pode

Exemplos comuns de autossabotagem

COMPORTAMENTO AUTOSSABOTADOR	RESULTADOS
Tentar parar de fumar quando parte de você não quer	Recaída prematura, tentativa fracassada
Tentar perder peso sem se preocupar com as causas subjacentes	Ioiô repetido, fiasco na dieta
Tentar o sucesso em uma carreira de que você realmente não gosta	Mau desempenho; poucas realizações profissionais
Usar terno, mas com aparência e acessórios desmazelados	As pessoas não o levam a sério

produzir resultados tão ruins como outra que ignore seus instintos. As decisões ideais são aquelas em que há um equilíbrio uniforme entre emoção e razão: uma boa decisão, em geral, será instintivamente percebida como certa e também fará sentido racionalmente. Quando qualquer decisão importante tiver de ser tomada, pergunte a si mesmo se a ação proposta atende a esses dois critérios. Em caso positivo, aja com confiança.

Confiança interior A confiança máxima deriva da certeza de que uma decisão é certa para você, tanto no plano racional como no emocional.

Use suas crenças positivamente

As crenças que você escolhe se tornam filtros através dos quais interpreta tudo que acontece. As evidências que apoiam essas crenças serão realçadas, enquanto as que as contradizem serão minimizadas ou nem mesmo notadas. Aqui estão duas crenças com que você pode ter cruzado:

"A vida é um inferno e depois você morre."

"A vida é uma aventura, as pessoas são basicamente boas e eu posso conseguir o que quiser."

Qual delas é verdadeira? Se você pensar bem, pode fornecer exemplos de sua própria vida para apoiar qualquer uma delas. Portanto ambas – ou nenhuma – são verdadeiras. As crenças são como mapas que nos ajudam a encontrar o caminho. A pergunta importante a respeito delas não é "São verdadeiras?", mas "São úteis?". A crença que você escolher se torna um filtro com o qual interpreta os fatos. As evidências que apoiam a crença escolhida serão realçadas, ao passo que as evidências que a contradizem serão ignoradas, minimizadas ou nem mesmo notadas.

Leia o mapa apropriado
Os mapas podem ser diferentes – pense em um mapa do tempo comparado a um rodoviário: ambos são precisos, mas qual é o mais útil para aquilo que você precisa?

Considere a evidência

Aqueles que acreditam que "a vida é um inferno" se comportarão de forma que isso faça sentido à luz daquela crença, o que será muito diferente do modo como alguém que acredita na segunda crença age. Os resultados que conseguem – positivos ou negativos – tenderão a corroborar suas crenças. Quanto mais tempo e mais profundamente a crença for conservada, mais "evidências" você acumulará para apoiá-la. Há vários exemplos bem conhecidos de pesquisas apoiando a ideia de que aquilo em que você acredita influencia o resultado real dos acontecimentos em sua vida. Três efeitos citados frequentemente são:

> Suas crenças são o roteiro de sua vida

- O "efeito placebo", em que alguns pacientes no "grupo de controle" das experiências clínicas melhoram, convencidos de que estão tomando remédios, mesmo que o "tratamento" que pensam estar recebendo seja apenas um comprimido de açúcar.
- O "efeito halo", descoberto por Edward Thorndike em 1920, estabeleceu que, se você favorece fortemente determinada e específica característica de uma pessoa, é mais provável que avalie a mesma pessoa melhor em vários outros traços positivos, embora possa ou não ter evidências para apoiar sua avaliação.
- O "efeito Pigmaleão", descrito por Robert Rosenthal em 1968, mostrou que o desempenho acadêmico eficaz e bem-sucedido de crianças é fortemente influenciado pelas crenças de seus professores sobre suas aptidões.

Como suas crenças tendem a tornar-se verdadeiras para você, é importante pensar com cuidado sobre em que acredita, para certificar-se de que elas apoiam seu êxito.

DICA Faça um esforço positivo para procurar evidências que refutem e tornem menos poderosas quaisquer crenças que estão limitando-o.

Focalize-se naquilo que quer

Os seres humanos nasceram com a aptidão de ver padrões nas coisas. Quando não há padrões inatos, tendemos a projetá-los – como vendo imagens no fogo da lareira ou faces e animais em nuvens.

Aprenda a olhar

Em consequência, é mais fácil notar alguma coisa se já estamos esperando vê-la. A implicação disso para mudar sua vida é que você consegue as coisas em que se focaliza. Se você se concentrar no que quer, vai encontrar; caso se concentre apenas em se afastar do que não quer, é para aí que voltará todas as vezes.

Escolha a motivação correta

Há dois tipos de motivação – na direção do que você quer e para longe do que não quer. A motivação "para longe de" pode ser útil para administrar o impulso de que precisa para começar, mas lhe dará resultados inconsistentes. Para ajudá-lo a seguir adiante até conseguir seus objetivos, você precisa focalizar a motivação principalmente "em direção a".

Identifique sua motivação

MOTIVAÇÃO "EM DIREÇÃO A"	MOTIVAÇÃO "PARA LONGE DE"
A direção é incorporada: você sabe para onde está indo e pode fazer correções, se necessário.	Não tem direção: quando você quer afastar-se de alguma coisa, qualquer direção serve.
Funciona de modo sustentado: você vai descobrir que ela exerce um impulso até mais forte à medida que você se aproxima de seu objetivo, e vai ajudar a inspirá-lo.	Funciona só por pouco tempo: somente até que você se afaste o suficiente daquilo que está evitando, deixando-o na calmaria até que chegue a próxima ameaça.
Inspira-o: mesmo que a situação atual seja desagradável, sua imagem mental é de onde você quer estar.	É estressante: a imagem mental que o motiva é daquilo de que você quer se afastar.

Consiga resultados sempre

Um dos principais argumentos contra a motivação "para longe de" é que o conduz a resultados inconstantes. Se alguém está motivado a fazer dinheiro principalmente porque cresceu na pobreza e nunca mais quer voltar a ela, sua motivação começará a desaparecer assim que ele começar a ficar rico e voltar depois que perdeu o dinheiro que possuía. Especialistas em comportamento conjeturaram que esta é a razão pela qual alguns milionários fazem e perdem as fortunas muitas vezes – estão funcionando com a motivação "para longe de".

Direções da motivação

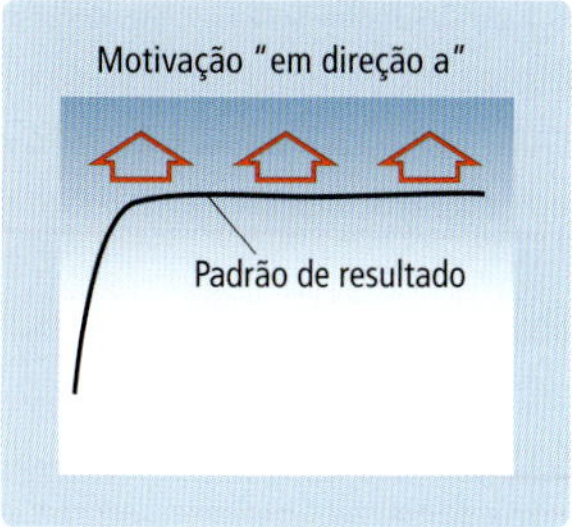

Motivação "em direção a"
Padrão de resultado

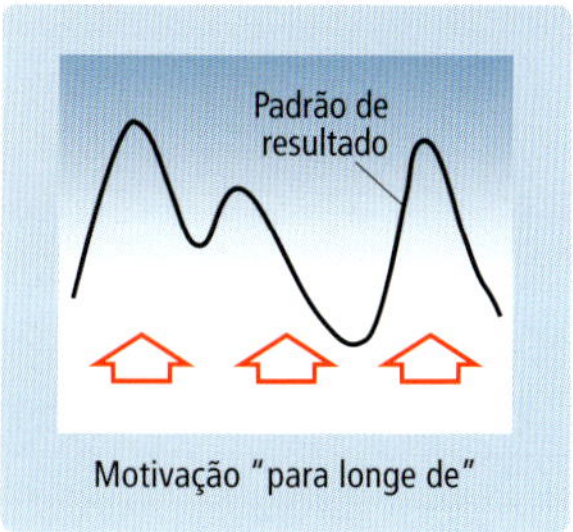

Padrão de resultado
Motivação "para longe de"

Selecione sua motivação Alcance seu objetivo com a motivação "em direção a". A motivação "para longe de" só o ajuda a escapar do que não quer.

Limite o drama em sua vida

Todos nós enfrentamos certa quantidade de desafios e dificuldades, alguns muito mais do que outros. Entretanto, algumas pessoas parecem atrair dificuldades mesmo em situações simples, onde antes não havia nenhuma. Isso pode refletir o desejo inconsciente de ser o herói em sua própria história de vida. Quando as coisas estão indo bem, eles inconscientemente encontram um jeito de perturbá-las, de modo a poder continuar em sua luta heróica.

DICA Pergunte a si mesmo se ficaria feliz em obter o que quer facilmente. Você pode estar criando mais drama do que precisa para ter êxito.

FOCALIZE-SE NAQUILO QUE QUER

Olhe para sua vida apreciativamente

Os psicólogos sociais descobriram que as emoções positivas nos oferecem benefícios além de simplesmente nos sentirmos bem. Quando você se sente bem, é mais fácil ver a "grande imagem", em lugar de perder-se em detalhes.

Promova a criatividade

Quando experimenta emoções positivas, você é mais criativo do que quando se sente "neutro". As emoções positivas o ajudam a entender o sentido de informações complexas com rapidez e tornam menos provável que você tire conclusões apressadas. Ter o hábito de pensar positivo traz benefícios físicos também – ajuda o batimento cardíaco e a pressão sanguínea a voltar ao normal com maior rapidez depois de acontecimentos estressantes.

> Qualquer experiência, positiva ou negativa, pode ser usada para aprender

Cultive o pensamento positivo

Como emoções positivas trazem benefícios, é útil explorar o que há de positivo em sua vida como base para fazer as mudanças que deseja. Entretanto, nem sempre é fácil estimular emoções positivas através do humor ou dizendo a nós mesmos para olhar o lado positivo. Os pesquisadores na área de "psicologia positiva", que está crescendo rapidamente, nos dizem que as emoções positivas mais fáceis de evocar, mesmo em circunstâncias excepcionais, são as de gratidão e de compaixão. Você pode usar o seguinte:

- Apreciar com gratidão mesmo as coisas simples.
- Quando coisas ruins acontecerem, pergunte a si mesmo: "O que posso aprender com isso?"
- Encontre significados positivos através da ajuda – aja de forma humanitária em relação às outras pessoas.

Aprender a gostar de você mesmo tem valor prático.

Norman Peale

Extraia o máximo de suas boas lembranças

Sua resposta emocional a uma imagem mental é determinada, no mínimo, tanto pela forma como pensa nela, como pelo que você está pensando.

As qualidades visuais de uma imagem dizem ao cérebro quanta atenção deve prestar. Sua resposta é mais forte quando a imagem é vívida e quando está envolvido nela. Tente esta experiência:

→ Pense em uma lembrança feliz. Quando a vir em sua mente, note como sua resposta emocional positiva é intensa.
→ A imagem está em tamanho natural ou menor? Traga-a para o tamanho natural.
→ É uma imagem em cores ou em preto e branco? Faça-a colorida.
→ Tente torná-la um pouco mais brilhante. Depois, coloque algum movimento nela.
→ Entre na imagem e veja-a com seus próprios olhos.

Note o que acontece à intensidade de como a lembrança faz você se sentir depois de cada um dos passos acima.

Use o passado e o futuro Imagens positivas, cheias de textura e movimento, são ajudas motivacionais eficazes, não importa se derivam de lembranças ou de esperanças futuras.

Descubra o que já está funcionando

Há uma abordagem cada vez mais popular à mudança organizacional e pessoal chamada Investigação Apreciativa, que defende que a melhor forma de aprimorar as coisas é descobrir o que já está funcionando e depois repeti-las. Tendemos a conseguir mais daquilo em que nos focalizamos. Prestar atenção ao que já está funcionando bem em nossa vida é como erguer o moral e a autoestima e aumentar a energia disponível para mudar as áreas que não estão funcionando tão bem.

Conheça suas forças

Para facilitar o estabelecimento dos pensamentos positivos em sua mente, tente estas linhas de investigação:
- O que os outros dizem que são suas forças?
- O que as pessoas que gostam de você consideram suas melhores qualidades e aptidões? Olhe para si mesmo com os

Acentue o positivo

Este exercício tem por finalidade ajudá-lo a concentrar-se nos aspectos de sua vida que você quer manter. Mesmo que tenha dito a si mesmo que sua vida é terrível, há sempre alguns elementos positivos.

→ Avalie se se sente positivo neste momento, numa escala de 1 a 10.
→ O que está funcionando bem em sua vida? Escreva-o, não importa se cada elemento parecer trivial. Entre em detalhes tanto quanto puder. Anote como se sente a respeito de cada pequeno elemento.
→ Do que você se orgulha? Descreva cada evento novamente e anote o que significa para você e como se sente a respeito dele.
→ No que você é bom?
→ Reveja como se sente e avalie na escala de 1 a 10 novamente. Para aumentar o efeito positivo, você pode refazer os mesmos passos acima, adicionando mais detalhes, de modo que realmente se envolva com cada imagem positiva.

olhos delas ou, ainda melhor, pergunte-lhes – você pode ficar agradavelmente surpreso.
- Imagine que um bom amigo estava falando de você para alguém que ainda não o conhece. Como esse amigo descreveria seus pontos positivos?

Note como se sente depois de focalizar-se sobre os aspectos positivos de sua vida. O que mudou?

> **Aproveitar o que já é forte torna-o mais forte ainda**

Aprenda a valorizar a aceitação

Até que você esteja pronto para mudar as partes de sua vida de que não gosta, a melhor atitude é a aceitação. Não faz sentido desperdiçar energias preocupando-se com coisas que você não tem condições de alterar. Uma das expressões mais conhecidas da atitude de aceitação é a "Oração da serenidade", em geral atribuída ao teólogo Reinhold Niebuhr. Demonstra sabedoria que ressoa para além de qualquer tradição religiosa específica:

Concede-me, Senhor, a serenidade
para aceitar as coisas que não posso modificar;
coragem para mudar as coisas que posso;
e sabedoria para saber a diferença.

Faça mais do que já está funcionando

Ao contrário das abordagens à mudança focalizadas em problemas, a abordagem da Investigação Apreciativa diz que você obterá mais mudanças sustentáveis caso se concentre em fazer mais do que já está funcionando em sua vida. É mais fácil imaginar o futuro que você quer quando baseado em suas próprias experiências, em lugar de tentar sonhar com ele na sua totalidade.

DICA Certifique-se de que sua visão do futuro mantém os bons aspectos de sua vida atual: isso reduzirá sua resistência à mudança.

Resumo: pense positivamente

A abordagem negativa da vida ou a falta de autoconfiança vai fazê-lo sentir-se mal a respeito de si mesmo e também pode impedir que você dê os passos positivos de que precisa para atingir seus objetivos. Para chegar aonde quer, você precisa aprender a assumir responsabilidade por sua vida, abordá-la com confiança e tirar o máximo das oportunidades que encontrar.

Plano de ação

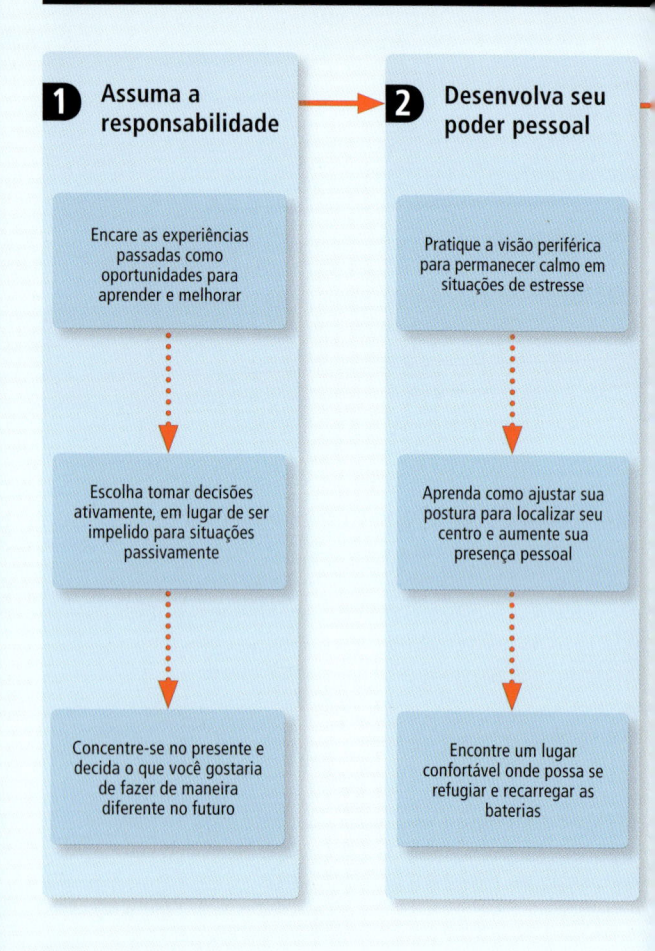

1 Assuma a responsabilidade

- Encare as experiências passadas como oportunidades para aprender e melhorar
- Escolha tomar decisões ativamente, em lugar de ser impelido para situações passivamente
- Concentre-se no presente e decida o que você gostaria de fazer de maneira diferente no futuro

2 Desenvolva seu poder pessoal

- Pratique a visão periférica para permanecer calmo em situações de estresse
- Aprenda como ajustar sua postura para localizar seu centro e aumente sua presença pessoal
- Encontre um lugar confortável onde possa se refugiar e recarregar as baterias

3. Alicie o inconsciente

- Reconheça para onde seus sentimentos e instintos querem levá-lo
- Identifique o que o motiva e use isso para focalizar-se
- Focalize-se em ir na direção do que quer, em lugar de tentar fugir do que não quer

4. Aprecie sua vida

- Preste atenção no que está funcionando bem em sua vida e identifique seus pontos fortes
- Aceite e tire o máximo daquelas coisas que você não pode mudar
- Concentre-se em fazer mais daquelas coisas que funcionam bem em sua vida

RESUMO: PENSE POSITIVAMENTE

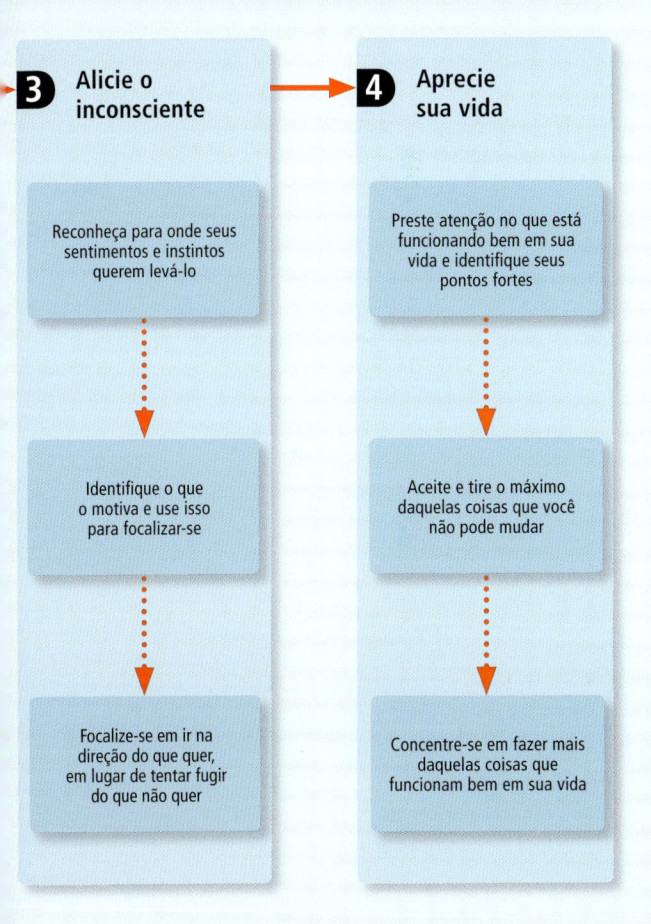

Desenvolva sua autoconsciência

Quanto mais consciente você estiver das maneiras como pensa e se comporta, mais fácil será identificar elementos que pedem mudanças. Desenvolver a autoconsciência é uma ajuda poderosa para alcançar seus objetivos.

Ouça o que você diz

"Lá fora é uma selva" e "deixei isso para trás" são metáforas, uma forma comum de expressar-se. Quando alguém diz: "Estou num relacionamento ruim", está falando como se o relacionamento fosse algum tipo de contêiner. Se estivessem falando literalmente, diriam algo como: "Estou me relacionando mal com esta pessoa." As implicações da metáfora – de que o relacionamento tem algum tipo de existência própria exterior a quem fala – são diferentes daquelas da segunda afirmação. No primeiro caso, é como se não houvesse nada que a pessoa possa fazer a respeito do relacionamento; no segundo caso, quem fala pode decidir fazer mudanças na maneira como está se relacionando com a outra pessoa.

Expresse a si mesmo

Nosso estado emocional de momento a momento é uma resposta não só a eventos externos, mas a nosso mundo interior – as lembranças que nos vêm à mente de maneira fugaz e imagens do que poderia acontecer no futuro. As metáforas que você usa afetarão sutilmente o modo como se sente e quaisquer delas que use habitualmente darão forma tanto à maneira

---

5 em apenas MINUTOS

Para que uma situação pouco familiar faça sentido depressa, encontre uma metáfora positiva para ela antes de agir.

Isso lhe dará a atitude mental correta para encontrar uma solução.

- Pense em metáforas abertas, abrangentes – uma porta se abrindo, uma paisagem de grande alcance – em lugar de outras pequenas, fechadas.
- Quando você consegue imaginar com o que alguma coisa pouco familiar se parece, sente-se confortável com ela.
- Depois volte à situação e pense calmamente em como solucioná-la.

> ## use a CABEÇA
>
> **Se você acha que sua vida se tornou uma rotina e não encontra maneira de progredir, use metáforas para ajudá-lo a pensar criativamente. Encontre uma metáfora para o lugar em que você está neste momento e desenvolva-a para ver como poderia ir adiante.**
>
> A viagem é uma metáfora universal para a vida a que qualquer pessoa pode relacionar-se: objetivos são destinos, desafios são obstáculos ao longo do caminho e assim por diante. Você pode perguntar-se: se sua vida fosse uma viagem, que tipo de viagem seria? Escreva sua resposta ou discuta-a com outra pessoa. As respostas podem ser muito reveladoras. Uma vida que é como uma viagem de trem que não para na estação correta, por exemplo, pode revelar que você precisa prestar mais atenção e controlar melhor a direção para onde vai.

como pensa como a seu humor. Que imagens suas metáforas habituais evocam? Você trabalha com alguém que é "um mala"? Sua vida familiar é "um pesadelo"? Ou tudo está "correndo sobre os trilhos"? Se você usa imagens desagradáveis, está evocando emoções semelhantes em quem o escuta – inclusive em si mesmo.

Reconheça seu "eu"

Uma das metáforas mais comuns, e menos reconhecidas, é o "eu". Falamos a respeito do eu como se fosse um servidor preguiçoso ("Estou achando difícil motivar a mim mesmo") ou uma criança indisciplinada ("Não tenho autodisciplina"). Isso o distancia do fato de que há apenas uma pessoa ali – você. Lembre-se de que, não importa o que você faça ou não faça, é sua escolha e sua responsabilidade.

DICA Se você se surpreender usando metáforas negativas, pergunte-se: "Com que esta situação se parece? Como eu poderia descrevê-la de outra forma?"

Faça um gráfico de seus altos e baixos

ALTO IMPACTO
- Obter um diploma
- Formar-me em um curso que adoro, mas achava difícil
- Obter finalmente o emprego certo em *marketing*
- O nascimento de meus filhos
- Minha promoção no ano passado

IMPACTO NEGATIVO
- Não passar no exame de motorista
- Passar dois anos num emprego de que não gostava
- Ser passado para trás para o cargo em Paris
- Meu divórcio
- Meu baixo desempenho em vendas

Faça um gráfico dos altos e baixos de sua vida

Outra forma de examinar sua vida é fazer uma lista dos pontos altos e baixos (acima, um breve exemplo). Quando você tiver completado a lista, examine-a bem. Note como cada experiência significativa de sua vida o ajudou a fazer de si a pessoa que você é hoje. Primeiro, leve o crédito por fazer os pontos altos acontecer. Pergunte a si mesmo:
- Como contribuí para que isso fosse um ponto alto?
- O que eu estava fazendo corretamente?

Aprenda com os pontos baixos

Lembre-se de que há algo positivo a aprender com as piores experiências, mesmo se for apenas para impedir que algo semelhante aconteça novamente. Encarar a adversidade desenvolve seu caráter, se você escolher aprender com ela. Pergunte a si mesmo:
- Que coisas positivas aprendi com aquela experiência?
- De que maneira ela fez de mim uma pessoa mais forte/sábia/compassiva?

Imagine que sua vida vai se tornar um filme. Que episódios o diretor enfatizaria para torná-la uma história inspiradora? Que episódios seriam selecionados se fosse uma comédia divertida?

Faça um diário

Assim como revisar sua vida com o benefício do retrospecto, você pode aprender à medida que reflete sobre ela todos os dias. Escrever seus próprios pensamentos o ajudará a destacar-se deles, assim como o ensinará mais a respeito de si mesmo.

Os registros passados, mesmo aqueles comparativamente recentes, escritos apenas um ou dois meses atrás, vão lhe mostrar quanto seu estado emocional influencia o modo como pensa e escreve.

→ Dez minutos por dia escrevendo são suficientes para ter resultados úteis; assim que você se habituar, pode fazê-lo sem esforço.

→ Escreva o que pensa, sem analisar ou planejar o que vai dizer.

→ Descubra em que hora do dia isso funciona melhor para você. Logo de manhã (antes que sua mente se envolva nos fatos do dia), quando chega do trabalho (para estabelecer uma separação entre trabalho e lazer) e pouco antes de ir dormir são escolhas frequentes, de acordo com a pessoa.

Terça-feira, 24 de abril

Um nascer de sol maravilhoso esta manhã fez com que eu me sentisse particularmente inspirado a levantar tão cedo e ter tempo para me focalizar no dia que me espera.

O escritório estava tenso com a reorganização, mas a nova gerente parece razoável e está se mostrando boa para lidar com situações difíceis.

O planejamento para a viagem ao escritório de Nova York está indo bem e eu recebi a incumbência de supervisionar o cronograma para os delegados. Estou tentando não ficar nervoso demais com isso, pois sei que meu desempenho não é o melhor quando estou tenso.

2
Decida o que é importante

Para aproveitar o poder positivo da motivação "em direção a", você precisa saber claramente o que quer. Quando está ocupado lidando com as demandas sempre crescentes do dia a dia, é fácil distrair-se e não dar a suas próprias necessidades e desejos a atenção que merecem. Este capítulo, sobre como focalizar-se no que é realmente importante para você, vai lhe mostrar:

- Como distinguir entre "urgente" e "importante"
- Como esclarecer seus valores
- Como verificar e resolver conflitos interiores e a autossabotagem potencial

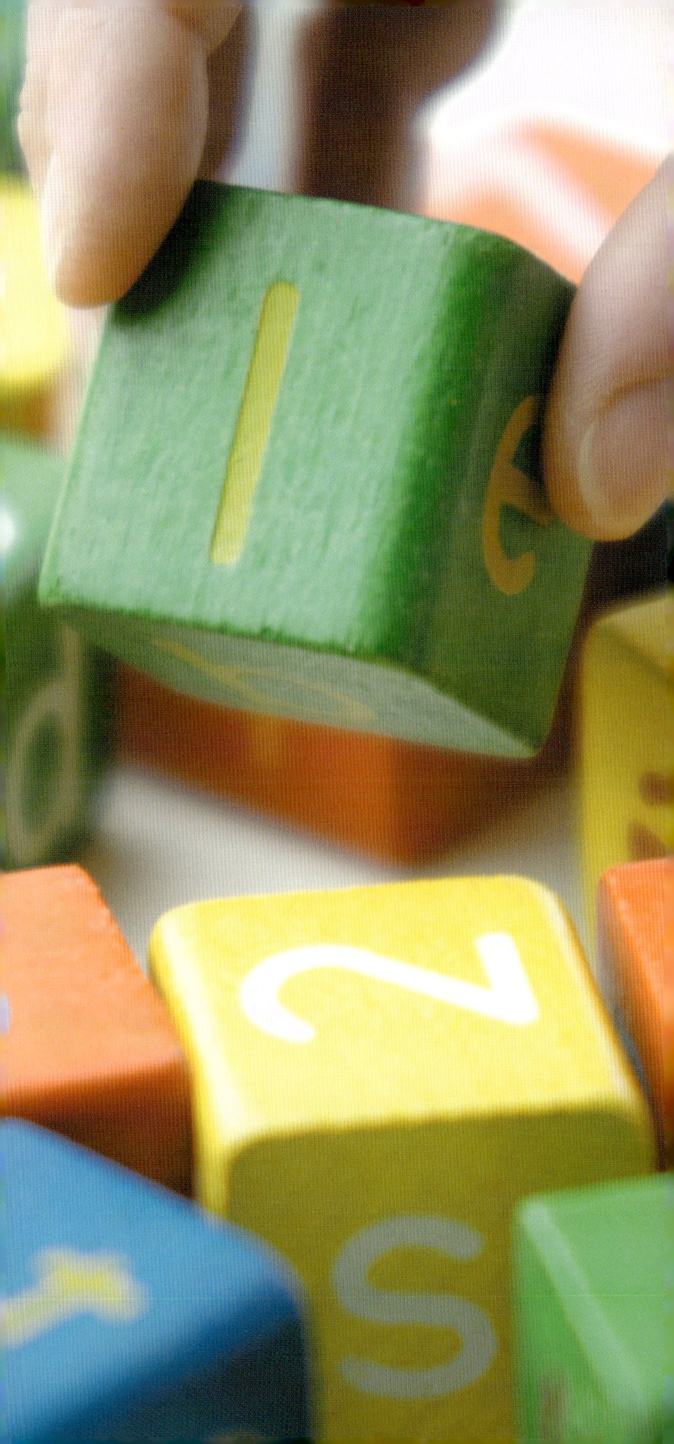

Olhe para diante

Você vive para o momento ou sua vida está planejada em detalhes de agora até depois da aposentadoria? Provavelmente se insere em algum lugar entre essas duas alternativas. Você precisa examinar como fazer a visão do futuro funcionar a seu favor.

Onde está seu horizonte no tempo?

Se você é proprietário de uma empresa, a disciplina de ter de criar um projeto de negócios já pode tê-lo forçado a fazer planos para além de seu horizonte de tempo natural. Na vida pessoal, a maior parte de nós poderia se beneficiar se desse um pouco de atenção ao longo prazo. Olhar para mais longe permite evitar algumas das surpresas desagradáveis que a vida pode atirar contra você, e gastar menos tempo no modo "apagador de incêndios" tentando resolver eventos inesperados.

Trabalhe em direção a seus objetivos

Se é difícil pensar em seus objetivos para os próximos seis anos, esta é uma informação valiosa. Trate-a como um sinal de que vale a pena despender algum tempo decidindo o que quer no futuro. Mas esse é apenas um ponto de partida. Você pode acrescentar mais objetivos à medida que mais ideias chegarem. Pode achar que sua visão do futuro ganha maior nitidez quando completar os exercícios das próximas páginas. Eles vão ajudá-lo a esclarecer seus valores. Seus objetivos podem mudar completamente, ou se expandir muito, à medida que você erguer os olhos e descobrir mais sobre o que quer.

Pontos de vista de longo *versus* curto prazo

ALTO IMPACTO

Ter um ponto de vista de longo prazo
- Permite decisões proativas
- Funciona com motivação "em direção a"
- É impelido pela possibilidade
- Oferece escolha

IMPACTO NEGATIVO

Ter um ponto de vista de curto prazo
- Assegura comportamento reativo
- Funciona com motivação "para longe de"
- É impelido pela necessidade
- Obriga você a agir

TÉCNICAS *para* praticar

Para encorajá-lo a focalizar-se em objetivos que ultrapassam suas preocupações diárias, não importa quanto elas pressionem, reserve dez minutos para fazer-se estas perguntas e escreva as respostas.

Elas o ajudarão a ganhar visão geral de sua situação.

1 Quais são seus objetivos para os próximos seis anos?
2 Quais são seus objetivos para os próximos três anos?
3 Quais são seus objetivos para o próximo ano?

É melhor começar com seus objetivos de seis anos, porque os objetivos de médio e curto prazo muitas vezes serão passos a caminho de sua meta de longo prazo.

Coloque o importante acima do urgente

Stephen Covey, o famoso autor de livros sobre administração de negócios e de tempo, estabelece distinção entre tarefas que precisam ser executadas imediatamente e tarefas que são importantes. Ele sublinha que as tarefas importantes muitas vezes são empurradas para o final da fila, porque estamos ocupados demais lidando com as urgentes, mesmo aquelas que não são importantes. As tarefas importantes frequentemente são feitas, numa corrida louca, quando se tornam urgentes, porque o prazo final está se aproximando. A resposta é saber o que é importante e ficar focalizado nisso. Depois que você tiver alguns objetivos de longo prazo para realizar, os passos que o levarão para lá se tornam importantes e é mais fácil priorizar seu tempo. Atacar as tarefas importantes em primeiro lugar aumentará seu sentimento de controle sobre a carga de trabalho, reduzirá seu nível de estresse e – mais importante de tudo – assegurará que você conquiste muito mais.

DICA Pergunte a si mesmo: "O que estou protelando neste momento?", e faça-o imediatamente, sem mais debates internos de "farei?"/"não farei?".

Conheça seus valores

Seus valores o motivam para as ações. Siga os estágios numerados nesta seção para estabelecer quais valores são importantes para você e certifique-se de que vê nitidamente o objetivo para onde está se encaminhando.

Sua escala pessoal de valores

Seus valores também são critérios para julgar se alguma coisa está certa ou errada. Eles orientam suas decisões e conferem significado à sua vida. Essa orientação opera em um nível mais ou menos inconsciente; você não precisa pensar a respeito. Depois que se conscientizar sobre seus valores, você pode usá-los como uma *checklist* para avaliar qualquer escolha que aparecer.

Descubra seus valores

> **1** Em primeiro lugar, descubra seus valores para determinada área de sua vida

⇩

> **2** Estabeleça então quais desses valores são os mais importantes para você

⇩

> **3** Verifique se há choques entre valores conflitantes e resolva-os

⇩

> **4** Verifique se há motivação "para longe de" no conjunto final de valores

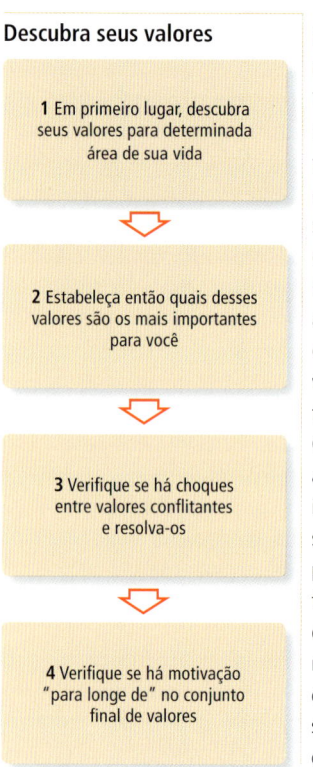

Como os valores se originam

Você adquire valores à medida que cresce, provenientes de várias influências a seu redor – que podem incluir seus pais, seus pares ou a cultura popular de sua infância e juventude. Com o correr do tempo, na vida adulta, você também vai descobrir que modifica seus valores à luz das conclusões que tira, por si, de suas experiências. Os valores são conceitos abstratos (como diversão, integridade, aprendizado ou segurança), de modo que você pode satisfazê-los de muitas formas diferentes. Use os quatro eventos numerados no quadro à esquerda e expandidos nas páginas seguintes, para identificar e organizar seus valores.

Aproveite o processo ao máximo

Explicitar seus valores é um processo simples, mas poderoso – use estas dicas para torná-lo mais revelador. Pode facilitar se alguma pessoa lhe fizer as perguntas, em vez de você fazê-lo sozinho:

→ Os valores devem ser abstratos. Se você chegar à resposta "concreta" (por exemplo: "um bom carro da empresa" como valor profissional), pergunte-se "O que é importante a respeito disso?" até chegar a uma abstração.

→ Mesmo quando pensar não ter mais respostas, a pergunta "O que é importante a respeito <área>?" com frequência revela valores importantes de que você não tinha consciência.

→ Quanto mais honesto for consigo mesmo, mais valiosa a lista se tornará.

→ Se a lista de valores incluir palavras como "satisfação", "realização", ou "contentamento", verifique o que elas significam para você. Se for o que obteria se conseguisse todos os outros valores na lista, pode retirá-la.

1 Descubra seus valores em uma área específica

O primeiro passo é pensar na área de sua vida que você quer mudar primeiro. Depois de decidir qual é, pergunte a si mesmo:

- O que é importante para mim sobre <área>?

Escreva a resposta imediata que lhe vier à mente. Depois continue a perguntar:

- O que mais é importante para mim sobre <área>?

Você provavelmente terminará com uma lista de cerca de sete a dez pontos de importância relacionados àquela área – embora possam ser menos ou mais. Esses pontos são os valores que você atribui a ela. Tome nota deles e volte a consultar a lista, se for necessário.

> **Não é difícil tomar decisões quando você sabe quais são seus valores.**
> Roy Disney

2 Estabeleça seus valores mais importantes

Alguns valores são mais importantes para você do que outros. Os mais importantes são aqueles que o fazem pensar melhor em como usa seu tempo, de modo que o próximo passo para esclarecer suas prioridades para a área que escolheu será descobrir a hierarquia de seus valores. O primeiro valor que lhe veio à mente no exercício anterior pode não ser o mais importante. De fato, alguns dos valores "submersos" que vieram no fim da lista podem ser aqueles que se revelam mais necessários. Extrair a hierarquia de seus valores é simples. Pegue a lista de valores para determinada área e pergunte-se:

- Se eu pudesse ter um só desses valores em <área>, qual seria?

Ao identificar esse valor, pergunte-se:

- Se eu pudesse ter só mais um, qual seria? – e assim por diante, até que você tenha ordenado todos os valores.

Examine o exemplo abaixo, usando valores para "Trabalho e carreira".

Lista inicial		Ordem de prioridade revisada	
Prazer	4	1	Integridade
Aprendizado	8	2	Fazer a diferença
Segurança	5	3	Dinheiro
Pessoas	6	4	Prazer
Reconhecimento	7	5	Segurança
Dinheiro	3	6	Pessoas
Respeito	9	7	Reconhecimento/respeito
Fazer a diferença	2	8	Aprendizado
Integridade	1		

Decidindo entre valores

Se for difícil decidir qual é o mais importante de dois valores, use o método seguinte:

→ Você pode ter **qualquer um** de dois valores, mas não ambos. Qual terá de ser?
→ Você pode descobrir que um valor na sua lista inicial revela ser o mesmo que, ou um aspecto ligeiramente diferente, de outro valor. Se isso acontecer, una-os – assim, *respeito* e *reconhecimento* podem se tornar *respeito/reconhecimento*.
→ Você pode escrever os valores em *post-it* para facilitar reordená-los – isso também torna o processo fisicamente mais interativo, de modo que pode lhe fornecer uma conexão mais profunda com ele.

Dinheiro como valor

Se o dinheiro aparecer no topo da lista, você pode precisar trabalhar mais um pouco nela.

O ideal é que o dinheiro seja um valor "meio", que é útil, porque tê-lo ajuda a realizar valores "finais" abstratos. Por exemplo, ter dinheiro poderia lhe permitir ter mais segurança ou liberdade.

O dinheiro não é um bom valor "final". Se alguém tiver o dinheiro no topo de sua lista de valores, pode terminar com grande quantidade de dinheiro, mas descobrir que ele não significa nada.

Mantenha suas prioridades flexíveis

Os valores mais importantes para você podem se modificar com o tempo, à medida que a situação mudar. Se alguém está endividado, o dinheiro pode estar na parte superior de sua escala de valores. Depois que tiver uma quantia razoável no banco, o dinheiro pode perder importância e outros valores subirem na lista. A hierarquia de valores que você estabeleceu no estágio 2 é um instantâneo do ponto em que você está na vida.

3 Verifique os choques entre valores

Valores conflitantes (por exemplo, aventura *versus* segurança em sua carreira) podem fazer com que você se sinta dividido entre eles. Aqui está como verificar se seus valores são compatíveis:

- Considere o menor valor em sua lista de prioridades e compare-o com aquele acima dele. Você pode ter ambos? Se achar que os dois valores não podem coexistir, marque o choque com uma cruz. Continue a verificar o valor mais baixo contra todos os outros valores, até chegar ao topo da lista.
- Depois considere o valor imediatamente acima e compare-o com cada um dos valores acima dele, um a um.
- Continue subindo a escala de valores até que tenha comparado cada valor com todos acima dele.

Leia seu gráfico

No gráfico abaixo, a pessoa acha que "prazer" e "dinheiro" e "segurança" e "reconhecimento" são conflitantes um com o outro. É preciso fazer mais perguntas para resolver como os valores que se chocam podem ser conciliados, ou para decidir qual é o mais importante dos dois.

Choque potencial de valores

	Integridade	Fazer a diferença	Dinheiro	Prazer	Segurança	Pessoas	Reconhecimento
Integridade	✓	✓	✓	✓	✓	✓	✓
Fazer a diferença	✓	✓	✓	✓	✓	✓	✓
Dinheiro	✓	✓	✓	✗	✓	✓	✓
Prazer	✓	✓	✗	✓	✓	✓	✓
Segurança	✓	✓	✓	✓	✓	✓	✗
Pessoas	✓	✓	✓	✓	✓	✓	✓
Reconhecimento	✓	✓	✓	✓	✗	✓	✓
Aprendizado	✓	✓	✓	✓	✓	✓	✓

DECIDA O QUE É IMPORTANTE

O que suas respostas dizem sobre a motivação

SUA RESPOSTA	QUE TIPO DE MOTIVAÇÃO?
"Porque eu era pobre e não gostava disso."	Motivação "para longe de"
"Por causa de todas as coisas maravilhosas que eu poderia fazer com ele."	Motivação "em direção a"
"Bom, você precisa de dinheiro."	Motivação "para longe de" escondida – se você diz que precisa de alguma coisa, o que realmente está em sua mente é o que vai acontecer se você não o tiver.
"É melhor ter dinheiro."	Outra "para longe de" escondida – melhor do quê? Do que não tê-lo.
"Porque posso comprar coisas, posso usá-lo para beneficiar pessoas, e ele fornece uma rede de segurança."	A maior parte "em direção a", com alguns "para longe de"

4 Procure a motivação "para longe de"

A motivação pode ser em direção ao que você quer, para longe do que você não quer, ou uma mistura das duas. A motivação "para longe de" em geral termina antes de se atingir o objetivo, desse modo você pode descobrir que os valores que são principalmente "para longe de" não serão realizados com consistência. A questão-chave para detectar a direção da motivação de cada valor é: "**Por que** <valor> é importante?" Na tabela acima você pode ver um leque de respostas à questão "Por que o dinheiro é importante?", ao lado da motivação que sustenta cada uma das justificativas. Embora "por quê?" não seja uma pergunta útil a fazer para resolver um problema (tende a extrair ou desculpas ou justificativas), é valiosa quando você está tentando estabelecer a motivação. Para responder à pergunta, você tem de analisar o pensamento que sustenta suas ações, e o que o motivou se tornará claro.

DICA Ganhe maior consciência da motivação de outras pessoas notando as pistas "em direção a" e "para longe de" no que dizem.

Resolva os conflitos de valores

Se você descobriu que dois de seus valores são conflitantes entre si, há muitos métodos possíveis para procurar uma solução.

Satisfaça os dois valores

Pergunte a si mesmo o que é necessário para satisfazer os dois valores ao mesmo tempo. Depois, faça-o acontecer. Outra alternativa é considerar um desses valores e perguntar a si mesmo: "Se eu o tivesse completamente, o que ele me daria que é até mais importante?" A resposta deveria ser um valor mais alto. Faça a mesma pergunta até não poder subir mais. Depois, faça o mesmo com o outro valor. Você pode descobrir que os valores mais altos são mais compatíveis do que o eram os mais baixos.

Indo "em direção a"

Faça a si mesmo algumas perguntas investigativas:
- Se você estiver focalizado no que quer evitar, o que deseja para substituí-lo?
- Se você soubesse que estava completamente livre do que quer evitar, o que isso o liberaria para fazer?
- Se suas necessidades práticas e financeiras fossem satisfeitas, não importa o que acontecesse, o que você faria?

Estudo de caso: reconciliando as opções

Para Yukio, fazer um bom trabalho e ter tempo de qualidade com a família são importantes. Entretanto, descobriu que permanecer no escritório até mais tarde e roubar o tempo de sua família o fazia sentir-se ressentido enquanto trabalhava e ansioso em casa: em nenhum dos dois lugares ele estava dando o melhor de si.

- *Yukio examinou sua administração do tempo e ganhou em eficiência, o que lhe permitiu sair do escritório mais cedo.*
- *Yukio aprendeu a equilibrar duas exigências conflitantes. Como se sentia menos tenso, sua criatividade no trabalho aumentou.*

Dê voz a seus valores

Use a visualização para dar aos valores conflitantes suas próprias vozes. Saia de si mesmo e veja como eles negociam entre si. Expressando-os de modo concreto, será mais fácil estabelecer o que realmente é importante para você.

→ Imagine que você tem um de seus valores na palma da mão. Com o que ele se parece? Faça o mesmo com o outro valor, na outra mão.
→ Pergunte a um dos valores o que ele está fazendo por você e o que é realmente importante. Imagine uma resposta que ache correta.
→ Repita o processo com o outro valor.
→ Pergunte aos dois valores se eles agora se dão conta de que ambos querem o melhor para você.
→ Peça a cada valor para dizer ao outro o que ele precisa saber.
→ Imagine com o que os dois se pareceriam se se fundissem.
→ Quando estiverem o mais próximo possível, relaxe as mãos e receba-os de volta. Espere algum tempo e talvez maneiras de realizar ambos lhe ocorram.

Personalize seus valores Quando eles adquirem voz própria, você vai achar muito mais fácil agir como um mediador objetivo entre eles.

Resumo: conheça seus valores

Os valores que são importantes para você, os conceitos abstratos como amor, amizade, segurança ou reconhecimento, fornecem motivação para as ações e ajudam a orientar suas decisões. Para cada área da vida que você quer mudar, é útil pensar sobre os valores que o inspiram naquele campo – e os conflitos entre esses conceitos.

Plano de ação

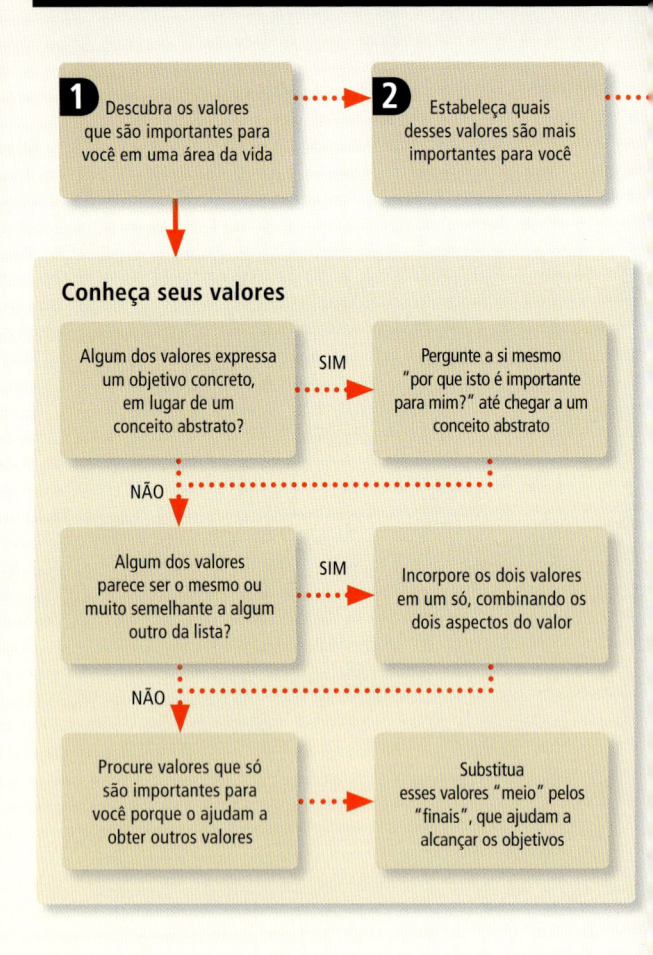

1 Descubra os valores que são importantes para você em uma área da vida

2 Estabeleça quais desses valores são mais importantes para você

Conheça seus valores

- Algum dos valores expressa um objetivo concreto, em lugar de um conceito abstrato?
  - **SIM** → Pergunte a si mesmo "por que isto é importante para mim?" até chegar a um conceito abstrato
  - **NÃO** ↓

- Algum dos valores parece ser o mesmo ou muito semelhante a algum outro da lista?
  - **SIM** → Incorpore os dois valores em um só, combinando os dois aspectos do valor
  - **NÃO** ↓

- Procure valores que só são importantes para você porque o ajudam a obter outros valores → Substitua esses valores "meio" pelos "finais", que ajudam a alcançar os objetivos

3 Procure choques entre valores conflitantes e resolva-os

4 Procure motivações "para longe de" no conjunto final de valores

Resolva conflitos de valores

Visualize cada valor conflitante como uma "voz" individual e atue como mediador objetivo entre eles

↓

Você pode mudar a situação de modo a satisfazer os dois valores ao mesmo tempo? — **SIM** → Execute as mudanças

↓ **NÃO**

Olhe para o valor mais alto comum a ambos e faça com que eles, pelo menos, concordem em funcionar juntos → Modifique a redação dos valores conflitantes para mostrar como eles são compatíveis

RESUMO: CONHEÇA SEUS VALORES 55

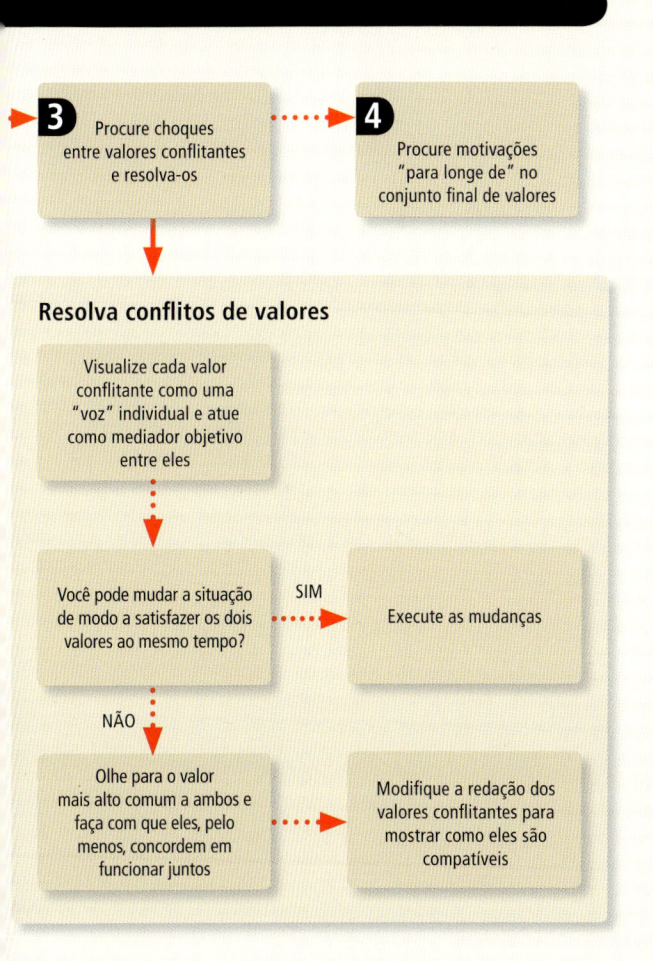

3
Retire os obstáculos

Os maiores obstáculos para chegar a nossos objetivos estão dentro de nós mesmos. Para partir em direção a seus objetivos com confiança de que conseguirá atingi-los, primeiro precisa livrar-se de quaisquer crenças restritivas e retirar todos os bloqueios de dentro de si. Este capítulo o ajudará a:

- Identificar e liberar as crenças restritivas
- Sair da rotina
- Neutralizar os estopins de problemas
- Administrar seu crítico interior
- Lidar com pessoas difíceis

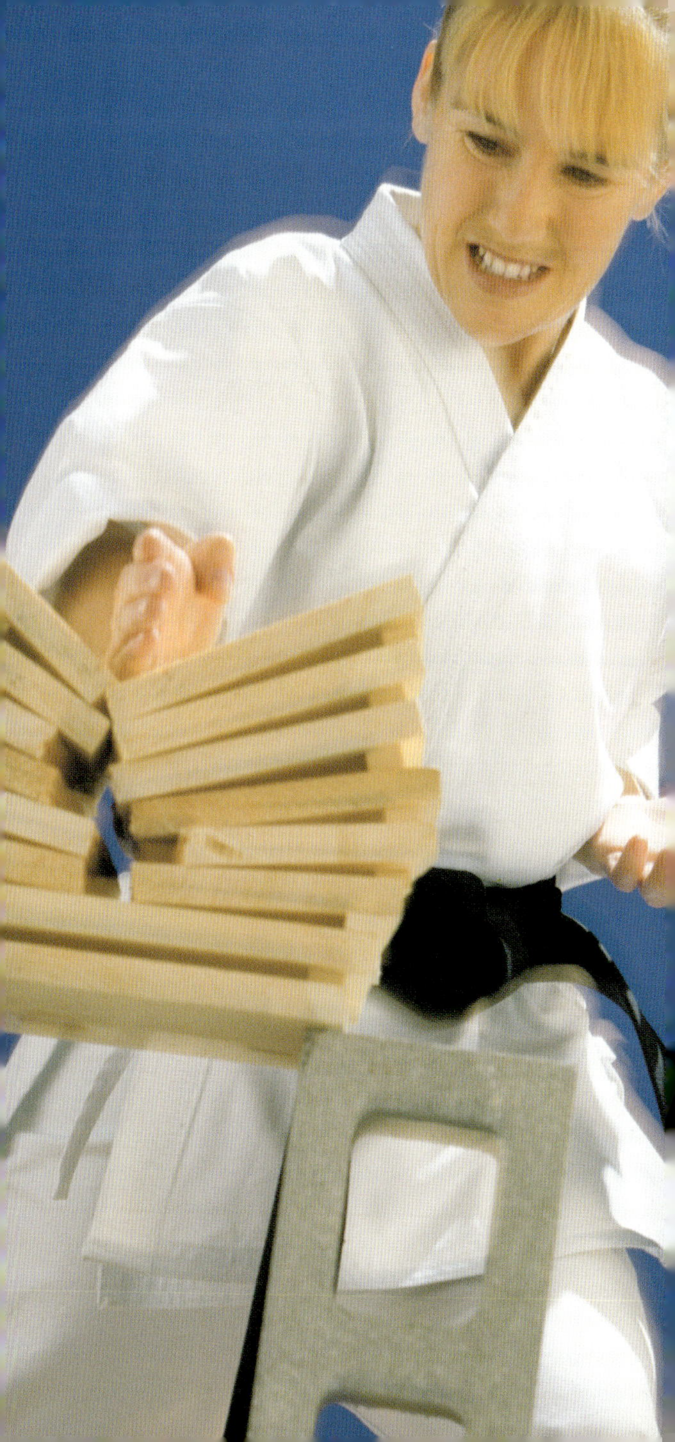

Vença as crenças restritivas

Qualquer coisa que você ache que o está segurando é uma crença restritiva. Ela pode ser sobre suas próprias capacidades, sobre como o mundo funciona ou sobre como você ou outras pessoas devem comportar-se.

Examine suas crenças

Quando criança, você absorve as crenças de outras pessoas. Depois que tem algumas, usa-as como base para formar novas. Quando começa a basear suas crenças em outras, em vez de fazê-lo sobre a evidência de seus sentidos, você deixa de checar a realidade que o faria atualizar suas crenças à luz de novos indícios. O que você diz a si mesmo funciona como uma sugestão auto-hipnótica – começa a influenciar sua visão da realidade. Isso é ainda mais insidioso porque, na maior parte do tempo, você não está prestando atenção a seu diálogo interno, portanto, aquilo que ele está dizendo não é contestado por sua mente consciente.

> Nossas crenças mais antigas podem ser as mais restritivas

Identificando as crenças restritivas

O primeiro passo para mudar as crenças restritivas é identificá-las. Nem sempre são óbvias, mas em geral aparecem antes no nível consciente como sentimentos de desconforto, irritação ou ansiedade quando se pensa sobre um assunto. Por exemplo, se você está preocupado em se candidatar a uma promoção no trabalho, poderia dizer em voz alta: "Posso fazer esse trabalho facilmente." Sua resposta interior imediata poderia ser: "Não, eu não conseguiria, eles vão ver isso num segundo", "Não tenho experiência suficiente" e assim por diante. Você poderia escrever três crenças restritivas, exatamente como as expressou a si mesmo:

- Não conseguiria fazer esse trabalho
- Eles vão descobrir num segundo
- Não tenho experiência suficiente

Verifique o que diz a si mesmo

PALAVRA INDICATIVA OU FRASE	O QUE INDICA E O QUE PERGUNTAR A SI MESMO
Devo, deveria	Se você tem regras para como as pessoas "devem" comportar-se, deve preparar-se para a desilusão se eles não atingirem aqueles padrões. Pergunte a si mesmo: "O que aconteceria se eu/eles não o fizer?"
Preciso, tenho de	Esse modo de pensar indica que você se sente compelido a fazer algo, em vez de escolher fazê-lo de boa vontade. Mas você é realmente compelido? Para descobrir o que está escondido atrás desse sentimento, pergunte a si mesmo: "O que vai acontecer se eu não o fizer?"
Deixou-me	Como em "ela me deixou zangado". Você abdica de sua responsabilidade pessoal assumindo que o outro tem controle sobre seus sentimentos ou ações. Pergunte a si mesmo: "É mesmo? Como o que ela fez ou disse me deixou zangado?"
Não posso	Se isso significa "Ainda não posso fazer isso", pergunte: "O que o retém?" Se isso significa "Não quero fazê-lo", pergunte: "O que aconteceria se você o fizesse?"
Sempre, nunca, todo mundo, ninguém	Isso indica uma generalização radical, que em geral incluirá exceções. Coloque apenas um ponto de interrogação depois da palavra "sempre?".
Tentar	"Tentar" indica que você está em dúvida, ou que pode não ter êxito. Em vez disso, diga: "Eu farei."

Desafie suas crenças

Escrever suas crenças restritivas distancia-as de você e começa a enfraquecê-las. Como agora tem consciência delas, você pode começar a questionar se são realmente verdadeiras. Crenças restritivas frequentemente são indicadas por palavras recorrentes e frases que dizemos. Se você descobrir que está usando qualquer dessas frases em seu diálogo interno, faça-se a pergunta indicada para descobrir a crença restritiva e reconecte-a à realidade.

Com prática logo vai descobrir que essas frases tocam alarmes e o previnem se estiver se perdendo em padrões de pensamento negativo.

Enfraquecendo as crenças restritivas

Mesmo que você tenha conservado algumas das crenças que o restringem por longo tempo, ainda pode afrouxá-las de maneira relativamente fácil. Tente as seguintes técnicas:

- Transforme-as em perguntas. Acrescente um ponto de interrogação no final de cada crença e leia alto, formulando a questão. Isso introduz dúvida e faz com que você compare a crença com sua realidade – muita coisa pode ter acontecido desde o momento em que você a adquiriu, e ela pode não mais ser verdade. Por exemplo, se você tem dúvidas sobre sua habilidade de fazer um trabalho, dizer "Não tenho experiência suficiente?" faz com que, automaticamente, você comece a procurar exemplos de experiências relevantes extraídas de sua história profissional até agora.
- Pergunte a si mesmo de onde veio a crença. Quando crianças, internalizamos o que as pessoas nos dizem. Quando pequenos, não podemos usar a lógica para checar a validade do que ouvimos, portanto apenas aceitamos. Pense sobre quando você adquiriu essa crença restritiva – ela pode ser mais velha do que pensa – e de quem a adquiriu. Agora que tem sabedoria adulta e poderes de lógica, você ainda escolheria ter essa crença?
- Pergunte-se o que a crença lhe custa. Se você continuar acreditando nisso, qual será o efeito negativo? Se escolher crer em algo mais positivo, o que ganhará?

use a CABEÇA

Reformulando a crença restritiva como uma pergunta inspiradora, você pode enfraquecê-la.

Se colocar as palavras "como posso..." diante da crença problemática, você a direciona para a ação. Pode substituir "Não tenho tempo" por "Como posso encontrar tempo?", por exemplo, e assim por diante.

Ensaiando novas crenças

Se instalar um novo conjunto de crenças lhe parece difícil demais, tente pensar como irá senti-las. Isso o ajudará a perceber que é possível mudar a maneira de pensar e agir.

→ Identifique em que você escolheria acreditar em lugar da crença restritiva.
→ Passe um filme mental no qual você se vê agindo pela nova crença em uma situação em que ela é apropriada.
→ Repasse o filme, tornando-o mais vívido a cada vez, até que comece a parecer convincente.
→ Faça os ajustes de que precisa.
→ Entre no "você" do filme e passe-o novamente, de modo que possa sentir como é agir pela nova crença. Note como as coisas se tornam diferentes.
→ Tente agir com sua nova crença em uma situação real, não ameaçadora, e veja como os resultados são diferentes.

- Pergunte a si mesmo o que a crença está fazendo por você. Qual é a intenção positiva por trás dela? (Por exemplo, ela pode estar tentando preservar você de uma desilusão.) Está conseguindo? Tente pensar como você pode liberar-se da crença e conseguir o resultado positivo que ela procurava conquistar.
- Pergunte a si mesmo se todo mundo acredita na mesma coisa. Todos que você conhece compartilham essa crença restritiva? Se puder pensar em alguém que não o faz, o que permite a essa pessoa acreditar em algo diferente? Se ela pode fazê-lo, então você também pode.

DICA Olhe para trás, para a sua história de vida, procurando padrões repetitivos. Quando você aprende com seus erros, não precisa repeti-los.

Resolva os problemas

Qualquer problema possui três partes, o que lhe dá três modos de atacá-lo: mude a situação, mude a forma como o interpreta ou mude sua resposta a ele. Mesmo que a primeira alternativa não seja possível, as outras duas sempre são.

Permaneça relaxado e positivo

Algumas vezes, as tentativas de sua mente para resolver um problema podem, na verdade, ajudar a mantê-lo. Por exemplo, alguém que teve um rompimento mal resolvido de uma relação pode se surpreender recuando emocionalmente ao momento em que seu parceiro se torna sério demais. Isso pode acabar no rompimento – exatamente aquilo que estavam querendo evitar. Tentar resolver um problema refletindo constantemente sobre ele, pode enterrá-lo em um buraco ainda maior. A abordagem "foco na solução" em terapia sugere um método diferente: se você focalizar sua atenção em como a vida seria se o problema fosse resolvido, terá maior chance de pensar e agir de modo a deixá-lo para trás.

Foco na solução

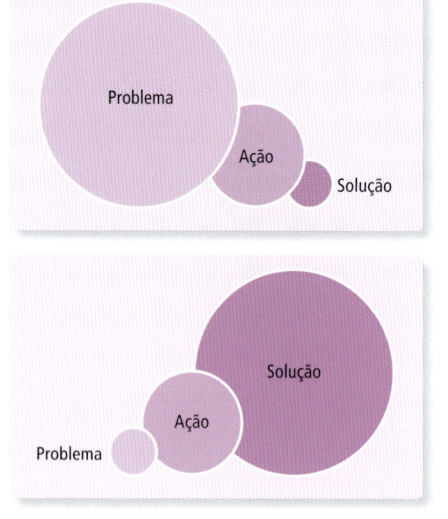

O que é importante?
Se você deixar o problema ocupar o primeiro plano, mal poderá ver a solução; inverta a escala e a solução se tornará clara

Saindo da rotina

Às vezes você pode surpreender-se revisando a todo momento seus problemas, sentindo que tem pouca energia e dizendo-se que não há nada para esperar do futuro. Se você entrar nessa rotina, eis algumas maneiras experimentadas e testadas para sair da situação.

Exercite-se: pesquisas mostram que exercício vigoroso e regular produz substâncias químicas no cérebro que nos fazem sentir bem.

Planeje coisas prazerosas: lembre-se de incluir na agenda prazeres para si, mesmo quando você está ocupado e aturdido, para evitar a síndrome do "fim de semana vazio".

Interrompa os padrões recorrentes: se você se vir preso a um padrão familiar que está afetando sua energia, interrompa-o fazendo alguma coisa diferente. Consiga algumas ideias perguntando-se:

→ O que meu personagem favorito na tevê faria em meu lugar?
→ O que é a coisa mais "diferente" que eu poderia fazer?
→ O que um amigo preocupado me aconselharia a fazer?

Use a pergunta milagrosa

Assim, qualquer que seja o problema que você está tentando resolver, pergunte-se: "Se um milagre acontecesse hoje à noite enquanto eu estiver dormindo, de modo que o problema fosse inteiramente resolvido, o que vai me informar que o conflito sumiu quando eu me levantar amanhã cedo?" Pense na resposta, concedendo-lhe o tempo que merece, e elabore tantos detalhes quantos forem possíveis sobre com que a solução se parecerá e como mudará as coisas. Uma pergunta suplementar para saber se você estará se comportando de modo diferente é: "Como as pessoas em torno de mim poderão descobrir que esse milagre aconteceu?"

> **O universo é mudança: nossa vida é o que nossos pensamentos fazem dela.**
> Marco Aurélio

Avalie o problema
Responda: onde você colocaria o problema com que está lidando em uma escala de 1 a 10, em que 1 é o pior possível e 10 é onde você estará quando o problema estiver completamente resolvido? Atribuir nota ativa o lado esquerdo do cérebro, que é mais associado a emoções positivas do que o direito. Para entrar em ação, pergunte o que seria diferente se você estivesse um número acima da nota atual? Como seus pensamentos, sentimentos, ações e o mundo exterior seriam diferentes? Isso vai ajudá-lo a dar o primeiro passo em direção à solução.

Use seus pensamentos para ajudar
O senso comum nos diz que, se pensarmos em coisas desagradáveis, sentimo-nos mal, e se pensarmos em coisas agradáveis, sentimo-nos bem. Como já vimos com a técnica para extrair o máximo de suas boas lembranças, a maneira como pensamos as coisas tem grande impacto sobre a intensidade de nossos sentimentos em relação a elas.

Estudo de caso: eliminando a ansiedade

Parte do trabalho de John envolvia fazer apresentações, e ele ficava muito nervoso com isso. Antes de cada uma, passava filmes mentais, com o objetivo de "estar preparado para o pior". Como os filmes eram criados a partir do ponto de vista dele como apresentador, quanto mais cenários imaginava, mais ansioso ficava. Quando um colega sugeriu que tentasse ver os filmes mentais como observador objetivo, e não como participante, ele ficou muito menos tenso.

- *John descobriu que um ponto de vista objetivo o distanciava das emoções prejudiciais.*
- *Com a prática, conseguiu ver-se no futuro lidando calmamente com contratempos e perguntas difíceis. Suas apresentações se tornaram melhores porque ele ficava menos nervoso.*
- *Descobriu que poderia obter resultados ainda melhores imaginando apresentações que eram bem recebidas, porque ensaiar o sucesso mentalmente torna o êxito mais provável.*

TÉCNICAS *para* praticar

Ensine-se a neutralizar o impacto da imagem negativa.

Pense em um alimento de que não gosta. Quando você visualizar a imagem, escreva mentalmente a intensidade de sua repugnância.

1 Note de que tamanho é a imagem.
2 Note se é colorida.
3 Está se movendo ou está parada?
4 É plana ou tem três dimensões?
5 Torne a imagem menor e afaste-a de você; depois torne-a plana, vaga, monocromática e parada.
6 Note a intensidade de sua repugnância agora. Você deveria descobrir que a aversão se reduziu.

Altere seu ponto de vista

Uma das maneiras mais poderosas de alterar o impacto de uma imagem mental é mudar o ponto de vista do qual ela é examinada. Se estiver revendo uma lembrança do mesmo ponto de vista de quando ocorreu, vendo-a com seus olhos, vai descobrir que a revê exatamente como se lembra dela e, provavelmente, também vai sentir a emoção que a acompanha. Entretanto, se assumir o ponto de vista de um observador imparcial, alguém olhando a cena do lado externo, de modo que, em vez de ser você mesmo, você esteja vendo sua imagem, descobrirá que automaticamente estará mais distante da emoção que a acompanha. A emoção pode ser reduzida ainda mais enviando a imagem para longe de seu espaço sensorial, retirando-lhe as cores e tornando-a indistinta, mais embaçada ou desbotada. Pratique esse modo de pensar com regularidade, de modo que, quando precisar mudar o ponto de vista de fato, possa fazê-lo facilmente.

DICA **Alterar as imagens mentais é uma aptidão que você pode aprender com rapidez – para praticar, são mais fáceis as imagens emocionalmente neutras.**

Neutralize gatilhos problemáticos

Como todo mundo, você sem dúvida tem alguns gatilhos para respostas automáticas, mas, enquanto muitos deles são quase universais – se estiver dirigindo e vir um sinal vermelho à sua frente, por exemplo, é provável que você, como qualquer outro motorista, breque automaticamente –, outros serão altamente personalizados e únicos. Você provavelmente sabe quais são, mas é possível aprender algumas maneiras eficazes de neutralizá-los e diminuir seu poder sobre você. Algumas das associações de respostas gatilho que você adquiriu ao longo do tempo podem ser particularmente desagradáveis caso se liguem a situações mais amplas. Por exemplo, se, quando criança, você começou a sentir-se ansioso quando via seus pais de cara amarrada, mas agora observa que essa ansiedade ocorre cada vez que uma pessoa amarra a cara para você, de seu chefe ao manobrista, você precisa fazer alguma coisa para diminuir o poder desse gatilho.

TÉCNICAS *para* praticar

Use esta técnica para livrar-se de uma resposta emocional indesejada ou neutralizar o gatilho de um mau hábito. Ela instala uma nova sequência de associações mentais.

1 Tire uma fotografia mental da situação gatilho. O que desencadeia a resposta?

2 Deixe a fotografia de lado e veja a si mesmo como será quando tiver superado o problema. Torne a fotografia brilhante e convincente, de modo a sentir algo agradável ao olhar para ela.

3 Reduza a fotografia boa a uma pequena e poderosa imagem.

4 Olhe para a fotografia gatilho, com a imagem positiva no canto inferior. Faça-a desaparecer e expanda a imagem positiva para o tamanho natural, emitindo um som "Shhhhh!" para enfatizar a mudança.

5 Observe por alguns momentos, depois apague sua tela mental.

6 Repita cinco vezes em rápida sucessão.

7 Olhe para a fotografia gatilho novamente. Você verá que sua reação a ela enfraqueceu.

Ocupe-se de seu crítico interior

Muitas pessoas são impedidas de desenvolver seu pleno potencial por uma voz interior, também chamada "tagarela" ou "*gremlin*", que os censura constantemente.

Você pode reduzir o impacto dessa voz. De onde ela vem? A maior parte das pessoas acha que é da cabeça. O que ela diz e como você se sente a respeito? Que tipo de impacto ela teria:

→ Se viesse do dedão do pé direito?
→ Se tivesse uma voz estridente?
→ Se fosse mais alta? Ou mais baixa?
→ Se viesse de fora de seu corpo?
→ Se tivesse a voz de um personagem de desenho animado famoso?
→ Se tivesse um tom divertido, com riso na voz?
→ Se tivesse um tom gentil e carinhoso?

Qual dessas alternativas funcionou melhor? Como se sente ao tomar consciência de que você pode mudar o impacto que o crítico interior tem sobre o modo como se sente? E quando isto será muito útil para você?

Todo mundo tem um crítico interior Embora todos tenhamos uma voz que às vezes reduz a confiança, a quantidade de atenção que você presta a seu crítico interior negativo fica inteiramente a seu critério – está a seu alcance controlá-lo.

Resumo: lidando com problemas

Refletir sobre problemas de modo contínuo pode logo se tornar contraproducente, fazendo a situação ser percebida como mais difícil do que realmente é. A chave para lidar com problemas é permanecer focalizado na solução, relaxado e positivo, e não permitir que os *gremlins* pessoais construam os acontecimentos.

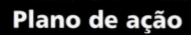

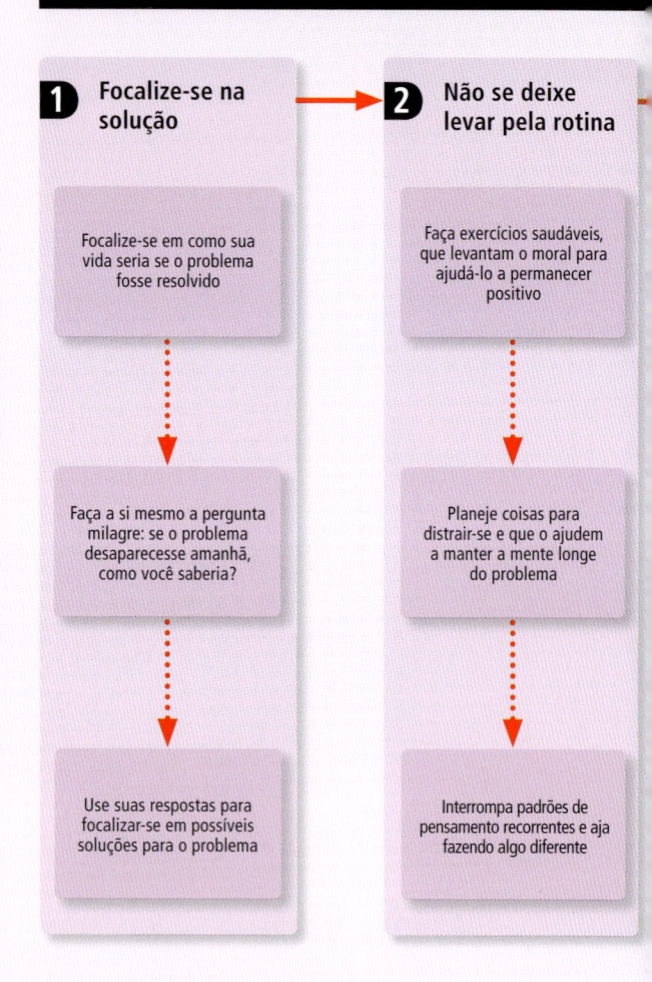

Plano de ação

1. Focalize-se na solução

- Focalize-se em como sua vida seria se o problema fosse resolvido
- Faça a si mesmo a pergunta milagre: se o problema desaparecesse amanhã, como você saberia?
- Use suas respostas para focalizar-se em possíveis soluções para o problema

2. Não se deixe levar pela rotina

- Faça exercícios saudáveis, que levantam o moral para ajudá-lo a permanecer positivo
- Planeje coisas para distrair-se e que o ajudem a manter a mente longe do problema
- Interrompa padrões de pensamento recorrentes e aja fazendo algo diferente

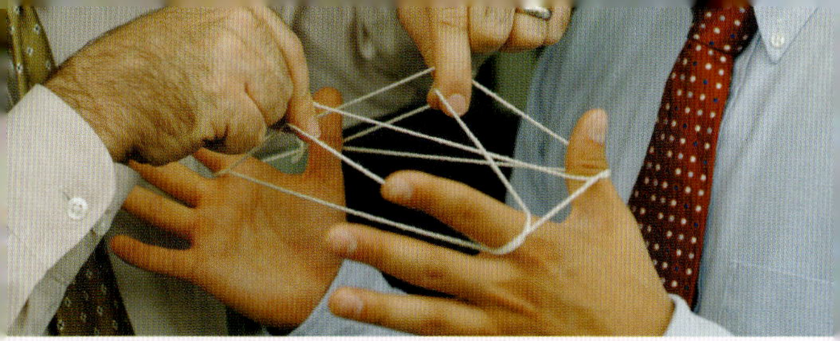

3 Altere seu ponto de vista

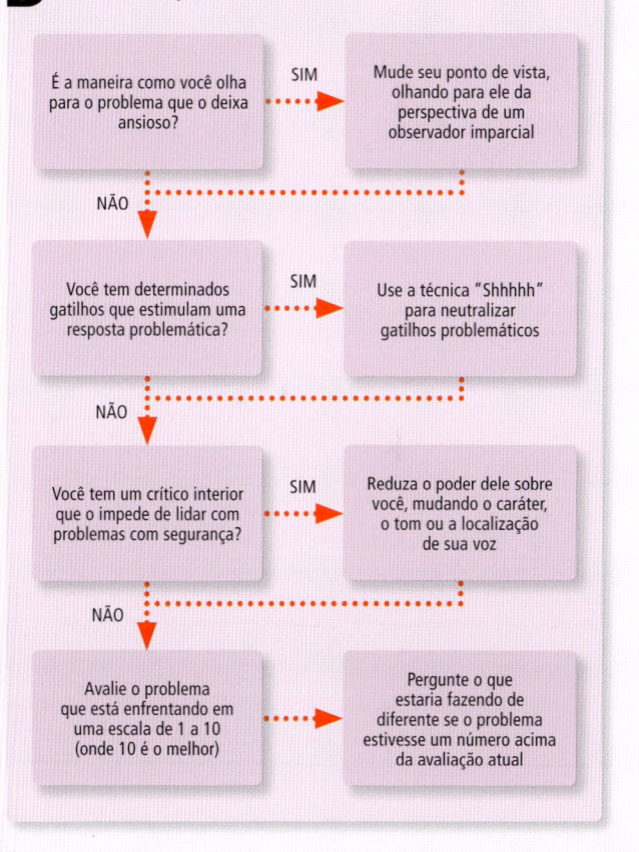

É a maneira como você olha para o problema que o deixa ansioso? — **SIM** → Mude seu ponto de vista, olhando para ele da perspectiva de um observador imparcial

NÃO ↓

Você tem determinados gatilhos que estimulam uma resposta problemática? — **SIM** → Use a técnica "Shhhhh" para neutralizar gatilhos problemáticos

NÃO ↓

Você tem um crítico interior que o impede de lidar com problemas com segurança? — **SIM** → Reduza o poder dele sobre você, mudando o caráter, o tom ou a localização de sua voz

NÃO ↓

Avalie o problema que está enfrentando em uma escala de 1 a 10 (onde 10 é o melhor) → Pergunte o que estaria fazendo de diferente se o problema estivesse um número acima da avaliação atual

RESUMO: LIDANDO COM PROBLEMAS

Lide com outras pessoas

Algumas vezes pode parecer que a vida seria perfeita se você não tivesse de lidar com as pessoas difíceis a seu redor. Mas elas se acham difíceis? Muito pouca gente pretende ser complicada deliberadamente.

Mantenha a objetividade

Alguém com quem você tem problemas de relacionamento pode ser considerado uma pessoa fácil por outras. Da mesma forma, algumas vezes você pode parecer uma pessoa "difícil", sem se dar conta disso. Você mostra diferentes aspectos a seu cônjuge, seus colegas, seus filhos e seus amigos. O que eles percebem é a sua imagem mental, filtrada por memórias anteriores, associações e suas próprias crenças a respeito do tipo de pessoa que você é. É uma estrada de duas mãos – de modo que, quando você tem um problema com alguém, na verdade está tendo um problema com a imagem que tem dele.

Cada discussão abrange três pontos de vista

Quando você está preso em algum tipo de conflito com alguém, é difícil manter a flexibilidade mental para encontrar maneiras criativas de resolvê-lo. Quanto mais forte sua emoção, mais rígida tende a ser sua maneira de pensar. A chave para manter-se flexível o suficiente para dar a si mesmo mais escolhas na resposta é

> ## use a CABEÇA
>
> **Examine um desacordo recente de cada um dos três pontos de vista, começando pelo seu próprio.**
>
> Deixe de lado quaisquer sentimentos de um ponto de vista antes de partir para o próximo. Para conseguir o máximo deste exercício, marque os três pontos de vista como se fossem lugares separados no cômodo e mude fisicamente de lugar cada vez que alterar o ângulo. Depois de observar o desacordo da posição destacada, que conselho você daria a "você" no primeiro ponto de vista?

Como os pontos de vista funcionam

Ensine a si mesmo a mudar os diferentes pontos de vista com flexibilidade para ganhar a visão mais abrangente possível em qualquer situação. Cada ponto de vista tem vantagens e desvantagens.

Vantagens e desvantagens

VANTAGENS	DESVANTAGENS
Seu ponto de vista: Bom para saber o que você quer, como se sente a respeito das coisas e para defender seus pontos com firmeza.	**Seu ponto de vista:** Pode levar a egoísmo ou arrogância; você pode não se dar conta de como se comporta e usar os outros para suas finalidades.
O ponto de vista do outro: Bom para ver claramente o que o outro quer e para empatia; pode ajudar a ver como você parece ao outro.	**O ponto de vista do outro:** Pode levar ao comportamento passivo ou, em casos extremos, a abordagem martirizada em que você vê o ponto de vista dos outros tão claramente que acaba colocando-os sempre em primeiro lugar.
O ponto de vista distanciado: Bom para olhar as coisas com objetividade, acalmando-se, vendo a interação como um sistema inteiro e notando suas consequências mais amplas.	**O ponto de vista distanciado:** A falta de compreensão de como os participantes da situação se sentem. Este ponto de vista pode levá-lo a ser considerado frio.

praticar olhando para o conflito de três pontos de vista diferentes: o seu próprio, o da outra pessoa e um ponto de vista desinteressado.

Traga sabedoria aos conflitos

Ficar estacionado em qualquer uma dessas três posições, vendo a situação apenas de um ponto de vista, apresenta desvantagens. A sabedoria vem da capacidade de mover-se livremente entre eles e de conseguir deixar de lado os sentimentos que surgem de um ponto antes de ir para o outro, para que você possa ver a situação objetivamente.

Lide com as críticas

Como você responde às críticas? Você as considera emocionalmente ou as examina para ver se são verdadeiras? E os elogios? Você os trata da mesma forma ou de modo diferente?

Trate as críticas como *feedback*

É comum que as pessoas, de início, considerem as críticas emocionalmente, sejam elas bem fundadas ou não, mas mantenham os elogios à distância até que os tenham analisado. Uma receita de maior êxito para a felicidade é fazer o oposto – aceitar os elogios livremente e sujeitar as críticas a um exame minucioso e cuidadoso. Para extrair lições úteis de uma crítica, siga este simples processo de dois passos:

- Distancie-se mentalmente do impacto emocional da crítica. Imagine que você está subindo e olhando para a pessoa que faz a crítica de cima para baixo.
- Pergunte a si mesmo: "O que preciso aprender disso?"

Você pode descobrir que aprende tanto a respeito da pessoa que critica quanto de si mesmo.

Permaneça positivo Atitude madura à crítica – que é um valioso *feedback* – é uma ferramenta útil na vida. Em lugar de tornar-se defensivo quando criticado, tente permanecer aberto aos comentários e analise-os com calma.

Tenha consciência da projeção

"Projeção" é um termo terapêutico que descreve a percepção de seus próprios sentimentos em outra pessoa, sem perceber que sua interpretação é realmente sobre você mesmo.

Assuma por um momento que a razão pela qual consegue reconhecer uma qualidade de que não gosta em outra pessoa é porque você mesmo tem um pouco dela. Essa ideia funciona nos dois sentidos – mesmo que não o perceba, significa que você também tem traços das qualidades que admira em outras pessoas.

> As pessoas difíceis são os melhores professores

Use as pessoas difíceis para praticar

Todas as pessoas, não importa quanto pareçam detestáveis, agem com intenção positiva em relação a si próprias. Olhar as pessoas "difíceis" desta perspectiva torna mais fácil compreendê-las. Leve esse princípio um passo adiante e tome consciência de que elas lhe estão dando uma oportunidade para aprender. Algumas das lições mais valiosas que você aprendeu vieram por lidar com essas pessoas – talvez um colega ranzinza que, sem o saber, forneceu-lhe a oportunidade de praticar sair de si próprio. Tente fazer este exercício algumas vezes, usando uma pessoa diferente como exemplo a cada vez, para aumentar sua compreensão:

→ Pense em uma pessoa que faz algo que o irrita ou se comporta de uma forma da qual você não gosta.

→ Qual é a intenção positiva por trás daquele comportamento? Veja a si mesmo rapidamente com os olhos dela. O que você aprendeu deste ponto de vista diferente?

→ Se o comportamento daquela pessoa tinha uma intenção positiva em relação a você, qual seria essa intenção positiva? Que lições positivas você precisa aprender para interagir com aquela pessoa?

→ Pergunte a si mesmo: "Sou como essa pessoa? Quando me comporto assim?"

LIDE COM AS CRÍTICAS

4
Crie a visão que deseja

Agora que tem uma ideia clara sobre seus valores e enfraqueceu crenças restritivas, você pode explicitar e definir seus objetivos e trazê-los à vida de modo a levar seu inconsciente a ajudá-lo a torná-los realidade. Instalar uma imagem vibrante do objetivo em seu futuro fortalecerá a motivação e o manterá focado em fazer o que for preciso para consegui-lo. Este capítulo o orientará explicando:

- Por que estabelecer objetivos é importante
- O que funciona no estabelecimento de objetivos
- As cinco condições de objetivos de sucesso
- Como tornar seu objetivo convincente
- Como instalar objetivos em seu futuro

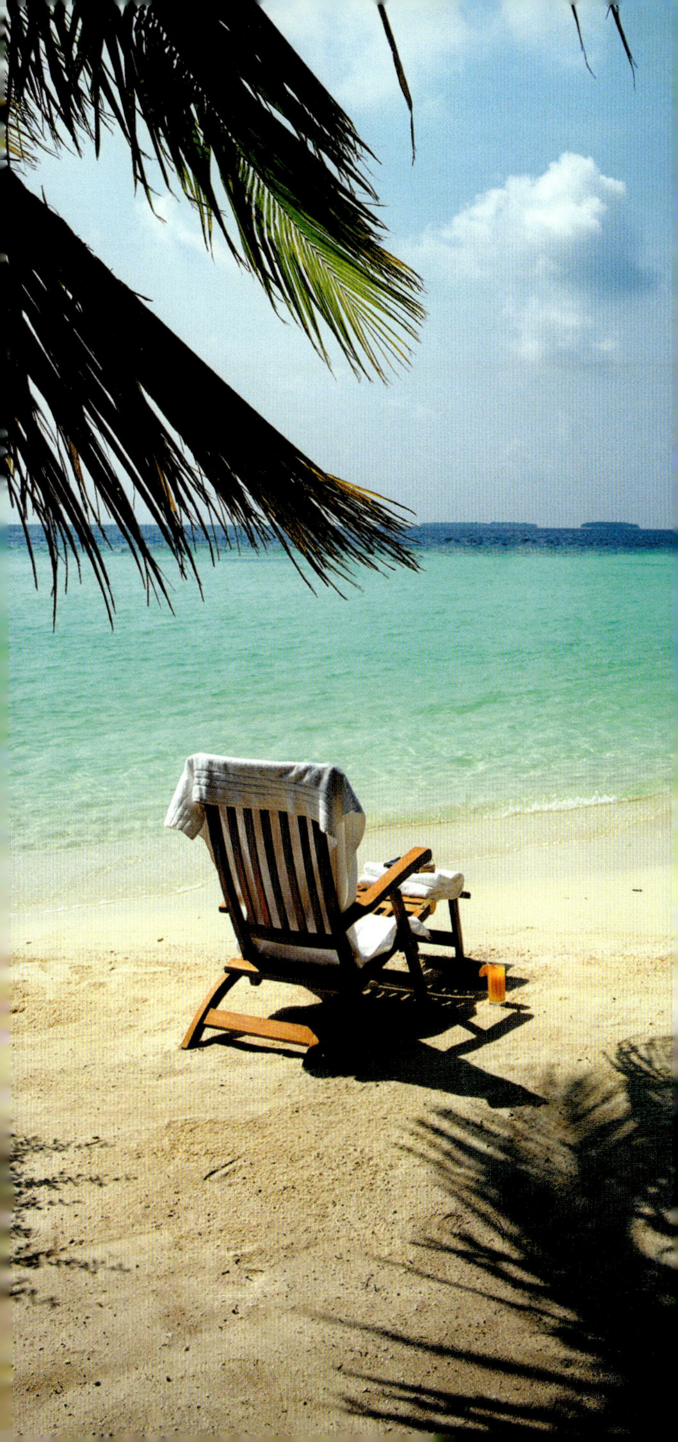

Estabeleça objetivos

Sem objetivos, você estaria à deriva, à mercê de quaisquer acontecimentos que ocorressem em sua vida. Você precisa ter ideia clara de onde quer estar para executar as ações corretas para chegar lá.

Use os objetivos para descobrir a direção

Por outro lado, quando você sabe quais são seus objetivos, sabe também que caminho deve seguir para chegar lá – e terá um alvo, podendo fazer correções caso se desvie. Ter propósito é uma necessidade humana fundamental. Sem propósito ou significado em sua vida, você se torna infeliz – como já foi, se passou algum tempo em um trabalho pouco satisfatório. Com objetivos, você se torna mais flexível e resistente, mais bem equipado para lidar com mudanças à medida que se desenvolve.

Libere energia mental

Se você acha difícil pensar em atividades que seriam agradáveis, precisa liberar um pouco de energia mental. Corte atividades que podem ser agradáveis, mas que não lhe ofereçam contentamento. Assistir menos televisão é um bom começo. Desligue-a na hora da novela, a que assiste regularmente, e já terá liberado mais de duas horas por semana que poderia passar enriquecendo seus relacionamentos com pessoas reais.

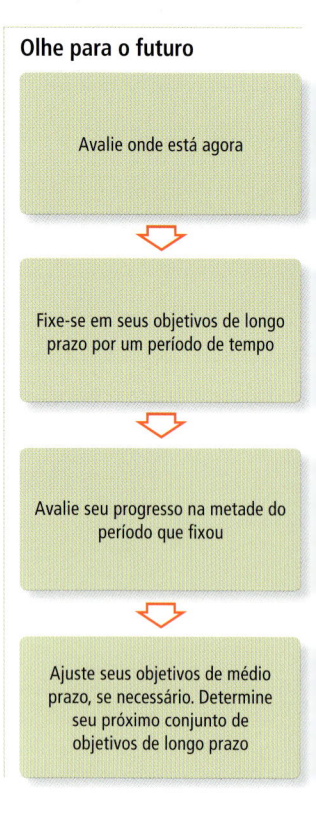

Olhe para o futuro

Avalie onde está agora

⇩

Fixe-se em seus objetivos de longo prazo por um período de tempo

⇩

Avalie seu progresso na metade do período que fixou

⇩

Ajuste seus objetivos de médio prazo, se necessário. Determine seu próximo conjunto de objetivos de longo prazo

CRIE A VISÃO QUE DESEJA

Escolha o contentamento antes do prazer

Depois de muitas pesquisas, o psicólogo Mihaly Csikszentmihalyi concluiu que estamos mais felizes em estados "fluidos", em que somos completamente absorvidos pelo que estamos fazendo. A característica de um estado fluido é o foco que se cria por ter um objetivo definido. A tensão que sentimos ao nos dirigir a um objetivo ambicioso nos traz contentamento: contentamento é diferente de prazer, que é meramente o sentimento de satisfação que temos quando alcançamos expectativas condicionadas biológica ou socialmente – com álcool, drogas ou possessões materiais. O prazer não nos modifica, o contentamento é sinal de que estamos crescendo e nos desenvolvendo. Alguns exemplos são:

→ Tornar uma apresentação crucial um grande sucesso
→ Treinar para correr em uma maratona
→ Ler um livro inspirador que muda seu ponto de vista

Estimule sua autoestima

Um estudo psicológico na Universidade Washington, em St. Louis, descobriu que a autoestima varia se, em um dia padrão, as pessoas pensarem sobre o passado, o presente ou o futuro. Gente com muita autoestima, que se sente bem a maior parte do tempo, se focaliza sobretudo em acontecimentos positivos no futuro, ao passo que as de pouca e com grande quantidade de sentimentos negativos, pensam mais sobre acontecimentos negativos do passado. Se você acha que aprendeu com eventos passados, vai achar mais fácil ir adiante e não se deter em aspectos que não funcionaram e que não podem ser mudados. Aprender com a vida é uma maneira eficaz de evitar pesares retrospectivos sobre "o que poderia ter sido".

DICA Viva experiências novas e excitantes para obter ideias e expandir horizontes. Algumas vezes você não sabe o que quer até que o tenha experimentado.

Faça o estabelecimento de objetivos funcionar

Mudar seus hábitos não é fácil – anos de prática gravaram-nos em seu sistema nervoso. Para vencer a inércia que conhecemos bem, é essencial ter uma visão clara de onde você quer chegar.

Atraia seu inconsciente

Quando você tem um objetivo que pode ver, ouvir e sentir, ele o envolve além do nível intelectual, dando-lhe a motivação emocional necessária para enfrentar contratempos e vencer a inércia. Determinar um objetivo da maneira correta oferece um modelo ou "atrativo" para o inconsciente, que estabelece os mecanismos de atenção em seu cérebro para notar as pessoas e oportunidades que podem ajudá-lo a aproximar-se de onde você quer estar. Também permite que você avalie as mudanças à sua volta de modo que perceba estar se aproximando do resultado desejado, ou se afastando dele.

Distinguindo entre objetivos e sentimentos

"Quero ser feliz" não é um objetivo. Você pode estar feliz neste momento, pelo menos por algum tempo, trazendo à mente um instante feliz ou uma pessoa de quem gosta. Isso acontece de imediato e é obtido por sua resposta interior a pensamentos alegres ou positivos. Por outro lado, os objetivos envolvem mudanças no mundo externo que o circunda – você realmente tem de fazer alguma coisa acontecer para conseguir a maior parte dos objetivos e isso requer tempo.

Sentimentos *versus* Objetivos

SENTIMENTO OU VALOR (como "felicidade")	OBJETIVO (como "promovido até o fim do ano")
Vago	Específico
Você pode tê-lo agora	Levará tempo para conseguir
Não requer planejamento nem ações	Ações são necessárias para chegar lá
Abstrato	Mensurável

Imagine seus objetivos

Pode ser que você saiba, há muito tempo, quais são seus objetivos. Ou, então, pode ter começado com apenas uma vaga noção de que deseja que as coisas sejam diferentes do que foram até agora.

Caso seus objetivos ainda não estejam claros como você gostaria, aqui estão algumas maneiras de começar:

→ Intitule três folhas de papel como "Coisas que eu quero mais", "Coisas que quero manter como estão" e "Coisas que eu quero menos". Divida cada folha de papel em duas colunas e escreva quantos registros puder na coluna da esquerda, com as razões para cada registro na coluna da direita.

→ Pense nas pessoas que admira. O que é que admira nelas? Como pode ficar mais parecido com elas?

→ Um sentimento pode ser o ponto de partida para estabelecer seus objetivos. Se você quer ser mais feliz, quais mudanças viáveis tornariam isso mais fácil?

→ Pode ser mais fácil trabalhar com imagens do que com palavras. Use fotos de revistas que o atraem para criar uma colagem representando seu objetivo.

Exemplo de lista Escrever as coisas que mais quer e por que você as quer vai ajudá-lo a consolidar os objetivos.

Coisas que eu mais quero:
- Tempo livre para ficar com as crianças
- Jogar golfe
- Projetos de trabalho desafiadores

Por quê?
- Elas são pequenas por pouco tempo
- Exercício e divertimento
- Para mostrar o que tenho a oferecer

Libere sua energia arrumando a bagunça

Até certo ponto, todos somos afetados pelo que nos circunda e o ambiente que criamos para nós reflete nosso estado mental. Um espaço bagunçado drena sua energia.

Uma maneira fácil de estimular a energia e de começar a liberar-se de bagagens passadas, de modo a poder olhar o futuro, é livrar-se de coisas supérfluas.

> **Livrar-se do supérfluo é fácil depois que você começou**

→ Comece com coisas pequenas. Para superar o sentimento de opressão, comece com a gaveta das bugigangas. Isso o inspirará a ir adiante com as coisas maiores.

→ Livre-se de qualquer coisa que não usa ou de que não gosta. Em geral, se você não usou um item durante o ano que passou, então não o usará de novo.

→ Estabeleça um tempo limite. Se você tem algo não terminado ou que precisa de reparos, estabeleça uma data para arrumá-lo. Se até então ainda estiver inacabado, terá de ser jogado fora!

→ Recicle os itens "bons demais para jogar fora". Para a maioria das pessoas, não é fácil jogar algo fora – então dê para amigos, escolas ou instituições de caridade que realmente a utilizarão.

→ "Um dentro, um fora." Depois que fizer a "limpeza", evite o acúmulo de bugigangas com uma regra: para qualquer coisa que traga para casa, você retira alguma outra.

→ Comece! Assim que começar, você se sentirá mais leve e animado para continuar. Outras pessoas em torno de si também ficarão motivadas para livrar-se do supérfluo. Sua casa ou espaço de trabalho sentirá os benefícios e ficará cheia de energia positiva.

DICA Estabeleça os objetivos no nível certo. Se nunca consegue nenhum deles, estão altos demais; se sempre obtém todos eles, estão baixos demais.

Distinguindo entre "precisar" e "querer"

Filosofias como o budismo falam sobre a necessidade de não apegar-se aos resultados obtidos, para que você não se aborreça se as coisas não funcionarem como queria. De fato, apegar-se a um objetivo – precisando que ele aconteça – ocorre quando você tem uma imagem mental dele, mas também uma outra, a de não o atingir, que é pelo menos tão forte quanto a primeira. Você pode não se dar conta conscientemente da imagem negativa – mas ela sempre está lá. A motivação "para longe de" vai atrapalhar a obtenção do objetivo. Por outro lado, se você deseja atingir seu alvo, mas não perderá a calma se isso não ocorrer, é porque tem apenas a imagem mental positiva. Sua motivação será "em direção a", que é mais direta e menos estressante.

Use objetivos SMART com cuidado

Se você trabalha, provavelmente já cruzou com a abordagem SMART, sigla em inglês que estabelece que os objetivos deveriam ser Específicos (*Specific*), Mensuráveis (*Measurable*), Alcançáveis (*Achievable*), Relevantes (*Realistic*) e Limitados no tempo (*Timed*). Todos são critérios necessários para o sucesso, mas deixam de lado um fator importante: você se importa, de fato, em conseguir o objetivo? No ambiente em que a abordagem SMART se originou, não havia escassez de motivação "para longe de". Se você não desempenhasse suas tarefas, seria despedido. Quando você está estabelecendo objetivos, necessita de uma abordagem que envolva seu inconsciente e aproveite o poder da motivação "em direção a".

5 em apenas MINUTOS

Em uma situação em que você precisa avaliar a motivação com rapidez antes de agir, faça uma checagem rápida.

Você pode estabelecer que está usando a motivação correta – "em direção a" – perguntando-se:

- O que esse objetivo trará para mim?
- Vou perder alguma coisa se conseguir o objetivo?

Seus ganhos devem ser maiores do que suas perdas e situados firmemente no futuro.

Ache um caminho para objetivos de sucesso

Você já deve ter alguns objetivos em mente. Pode ter definido resultados o tempo todo; se não, eles certamente se tornaram mais claros à medida que você trabalhava com seus valores ou pelo processo de reflexão das páginas precedentes.

Crie uma *checklist*

Há muitas formas diferentes de fazer uma *checklist* de objetivos. Uma das mais eficazes, por ser precisa e envolver o compromisso emocional, é o chamado processo POWER – sigla, em inglês, das palavras-chave abaixo. Percorra as letras da palavra "Power" passo a passo, como descrito nas páginas seguintes. Você vai descobrir se seu objetivo atende aos critérios para ser alcançável.

POWER – As palavras-chave

Pensamento Positivo
Possua seu Objetivo
Especifique O Que e Quando
Considere todos os Efeitos
Certifique-se de que o Caminho é Conhecido e Viável

P – Pensamento positivo (*Positive thinking*)

Trata-se da necessidade de ser cuidadoso com as palavras que você usa ao escrever e mesmo quando pensa a respeito de seu objetivo. Seu inconsciente trabalhará com um alvo, depois que você estabelecer o propósito. Isso funciona como um conjunto de instruções para decidir a quais aspectos de seu ambiente vale a pena dar atenção – quais eventos, coisas e pessoas você decidirá notar porque poderiam ajudá-lo a obter seu objetivo e quais não estarão incluídos em seu radar por serem irrelevantes. Lembre-se de que o inconsciente não reconhece uma negativa. Por isso, se você estabelecer seu objetivo como "Não quero estar neste emprego insatisfatório daqui a um ano", a imagem mental que você tem para essa redação ainda é do emprego atual, insatisfatório.

Faça o trabalho

Assegurar-se de que mantém a palavra "não" fora do estabelecimento de seu objetivo, em si, não é suficiente. Você poderia repensar seu objetivo escrevendo "Quero estar fora deste emprego em um ano". Isso tira o "não" da equação, mas ainda é uma frase de algo que você quer se afastar. Ela está incompleta, porque nada diz a respeito de para onde quer se dirigir. Seu inconsciente é um instrumento preciso: em geral, fará o melhor para satisfazer exatamente o que você pede – mas nada mais. Se em um ano você estiver desempregado, não importa o que estiver pensando, seu inconsciente vai considerar o resultado como uma tarefa terminada, porque lhe deu exatamente o que pediu. Você precisa modificar a redação de seu objetivo para assegurar-se de que seu inconsciente compreende a meta final: "Em um ano quero estar em um emprego que pague melhor, seja mais agradável e com melhores perspectivas."

Mesmo que essa frase ainda não esteja específica o bastante para ser considerada um estabelecimento de objetivo bem elaborado, pelo menos agora está indicando a direção certa para a ação.

Libere seu poder Uma visão clara de seus objetivos é a chave para acessar a energia plena de sua determinação interior.

ACHE UM CAMINHO PARA OBJETIVOS DE SUCESSO

O – Possua seu objetivo (*Own your goal*)

De quem é o objetivo? Você só estará realmente envolvido com ele se for seu. Se está tentando realizar a ideia de outras pessoas sobre quem você deveria ser, por certo encontrará alguma resistência inconsciente – a menos que sua visão de si mesmo coincida exatamente com a delas. Este princípio também diz respeito à capacidade de conseguir o objetivo com suas próprias ações. Não teria sentido estabelecer "ganhar na loteria" como meta, porque, depois de comprar o bilhete, o resultado está inteiramente fora de suas mãos. Que respostas você dá a estas perguntas?

- O que posso fazer para que este objetivo ocorra por minhas próprias ações?
- O que posso fazer para influenciar o resultado?
- O que preciso fazer para conseguir este objetivo?

W – Especifique o que e quando (*Specify What and When*)

Agora você precisa expressar seu objetivo com precisão, porque qualquer coisa que peça é exatamente o que seu inconsciente trabalhará para obter. Defina o objetivo de modo que tanto seu intelecto como seu inconsciente saibam exatamente o que você quer e comecem a trabalhar juntos para alcançá-lo.

- Assegure-se de que o objetivo é quantificável
- O que será diferente quando você conseguir o objetivo?

Adotemos o dinheiro como exemplo. "Eu quero ser mais rico" não é um objetivo bem redigido. Quão mais rico? Que forma essa riqueza terá? Se seu objetivo é ter um rendimento, é uma quantia líquida ou bruta? Se é comprar uma casa nova, onde será essa casa? Com quantos quartos? Que critérios a localização terá de satisfazer? Escreva todos esses pontos. Depois forme uma imagem de seu objetivo. Na imaginação, coloque-se na situação de possuí-lo. Veja-o com seus próprios olhos, tão vivamente quanto puder.

> **Tenha cuidado com o que deseja.**
>
> Provérbio tradicional chinês

CRIE A VISÃO QUE DESEJA

Tenha respostas detalhadas e satisfatórias para todas as perguntas seguintes e uma imagem mental clara de seu objetivo. À medida que aperfeiçoa essa imagem, acrescente cores, sons e aromas:

- Onde você está?
- Quem mais está lá?
- O que você está fazendo?
- O que você vê, ouve, sente, qual o gosto e cheiro, agora que tem seu objetivo?

> **Quanto mais nítido o objetivo for, mais simples será consegui-lo**

Essa visualização detalhada desempenha três funções. Traz a imagem mental de seu objetivo de uma maneira que as palavras nunca fariam, de modo que você começa a obter a resposta emocional que é essencial para a motivação. Dá a seu inconsciente um modelo sensorial rico, pois ele terá uma meta bem definida a perseguir. Além disso, dá informações a respeito de como a vida será quando você tiver conseguido o objetivo, de modo que possa fazer os ajustes de que precisa para assegurar-se de que isso é o que você realmente quer.

TÉCNICAS *para* praticar

À medida que você trabalha para atingir seu objetivo, use este exercício regularmente para verificar o progresso.

Cada objetivo precisa de uma data-limite. Se você não estabelecer um prazo, ele sempre vai permanecer no futuro.

1. Estabeleça uma data precisa para seu objetivo.
2. Escolha muitas datas entre o presente e a data-limite e escreva-as em sua agenda.
3. Em cada uma delas, pergunte-se o que fez para se aproximar de seu objetivo e escreva o que já conseguiu.
4. Se descobrir que está próximo das datas estabelecidas sem qualquer êxito, verifique detalhadamente sua motivação: você pode estar sabotando seu próprio progresso.

E – Considere todos os efeitos (*Consider all the Effects*)

Embora seu objetivo possa dizer respeito a uma área particular da vida, ela vai afetar outras. Considere as consequências de atingi-lo em todos os pontos de sua vida: depois disso, você pode estar seguro de que realmente o deseja.

O que lhe custará atingir o objetivo? Algumas vezes há custos para atingir um objetivo, em tempo, esforço ou aquilo de que você terá de abrir mão. Faça as seguintes perguntas para assegurar-se de que ele vale os sacrifícios:
- O que acontecerá quando eu tiver o objetivo?
- O que não acontecerá quando eu tiver o objetivo?
- Há qualquer aspecto negativo em atingir o objetivo?

Quais são os efeitos mais amplos de atingir seu objetivo?
Qualquer objetivo significativo terá impacto no equilíbrio de sua vida – pense bem nisso agora, para evitar consequências inesperadas mais tarde.
- Como esse objetivo vai afetar as pessoas de quem gosto?
- Como esse objetivo afetará as comunidades de que faço parte?

Estudo de caso: encontrar o equilíbrio

Karl estava totalmente focalizado em montar sua loja de telefones celulares, estabelecendo o objetivo de tornar-se milionário antes dos 30 anos. Ele conseguiu – mas trabalhava tantas horas por dia que seu relacionamento se deteriorou e ele corria o perigo de ter um *burnout*. Quando um *check-up* revelou um sopro no coração, ele, com relutância, começou a delegar parte de sua carga de trabalho e reservou algum tempo para exercitar-se. Para sua surpresa, mesmo com seus novos hábitos, sua loja continuou a crescer, embora em passo mais moderado e sustentável.

- *Equilibrando melhor a vida, Karl aprendeu a curti-la e, com menos estresse, ficou mais fácil conviver com as pessoas. Embora seu relacionamento não tenha sobrevivido, sua qualidade de vida melhorou muito.*
- *Ele descobriu que sua vigilância mental aumentou e isso o ajudou a formular ideias de maior originalidade.*

Olhe para seu objetivo no futuro

ALTO IMPACTO
- Antecipar como sentirá o objetivo depois que o conseguir
- Olhar realisticamente para qualquer desvantagem que possa trazer
- Checar seu inconsciente procurando algum sinal negativo

IMPACTO NEGATIVO
- Assumir que, depois de atingir o objetivo, a vida vai ser perfeita
- Concentrar-se puramente nas vantagens do objetivo
- Ignorar qualquer dúvida originada em seu inconsciente

Quanto você deseja esse objetivo? Se você não estiver comprometido com a obtenção de seu objetivo, não vai consegui-lo. Se está em dúvida, seu inconsciente pode estar lhe dizendo que alguma coisa precisa de mais atenção.
- Como me sinto a respeito deste objetivo?
- Eu o desejo 100%?
- Minha energia aumenta quando penso nele?

Se você respondeu "não" a qualquer das perguntas, ajuste o objetivo até sentir entusiasmo em relação a ele.

R – Assegure-se de que o caminho é conhecido (*Ensure the Route is known*)

A essa altura, basta sentir que o objetivo é possível. Resolver como chegar lá será mais fácil, depois que colocar o objetivo em seu futuro.
- Alguém atingiu este objetivo? Então, por que não você?
- Quem pode ajudá-lo a chegar lá?

Se ninguém atingiu um objetivo semelhante antes:
- Que recursos você tem que possam ajudá-lo?
- De que recursos adicionais você precisa?
- O que você pode aprender das tentativas anteriores? Depois que seu objetivo satisfizer os critérios POWER, você estará pronto para instalá-lo em seu futuro.

DICA Pense sobre o que você aprenderá e como crescerá no percurso em direção a seu objetivo, assim como nos benefícios quando o tiver atingido.

Resumo: estabeleça objetivos POWER

Os objetivos lhe dão direção e propósito. Eles o ajudam a identificar e focalizar-se em suas prioridades, um processo vital se você souber para onde quer ir e quais são os passos para chegar lá. Mas é importante escolher e definir seus objetivos com cuidado: objetivos fracos, vagos ou negativos dão meramente a impressão de movimento para a frente, mas podem obstruir seu progresso.
A *checklist* POWER – que se refere a Positividade, Posse, O Que/Quando, Efeitos e Caminho – o ajudará a transformar desejos e aspirações vagas em objetivos definidos, focados e alcançáveis.

Plano de ação

P Pense positivamente

> Imagine um conjunto de objetivos que lhe mostra onde você quer estar no futuro

O Possua seus objetivos

> Verifique que deseja atingir cada objetivo para seu próprio bem, não por causa de outra pessoa

W Especifique o que e quando

> Visualize a si mesmo tendo atingido cada objetivo – isso o ajudará a defini-lo mais claramente

E Considere todos os efeitos

> Pergunte a si mesmo o que lhe custará atingir cada objetivo

R Pense sobre o caminho

> Pergunte a si mesmo de quais recursos precisa para chegar ao objetivo

- Afaste ou reformule a redação de quaisquer objetivos que incluam palavras negativas como "não" ou "não faça" ·····▶ Os objetivos devem caminhar para o que você quer, não apenas para longe do que você não quer

- Pergunte a si mesmo o que pode fazer para que seu objetivo aconteça através de suas próprias ações ·····▶ Pergunte a si mesmo como pode influenciar os acontecimentos que estão fora de seu controle direto

- Para cada objetivo, especifique exatamente o que será diferente quando ele for conquistado ·····▶ Estabeleça datas específicas para chegar a cada objetivo

- Pense sobre os efeitos mais amplos se atingir cada objetivo ·····▶ Pergunte-se quanto você realmente quer cada objetivo

- Pergunte-se quem pode ajudá-lo a conquistar o objetivo ·····▶ Pergunte-se o que pode aprender das tentativas anteriores de atingir o mesmo objetivo

RESUMO: ESTABELEÇA OBJETIVOS POWER

Coloque o objetivo em seu futuro

Agora que seu objetivo está definido, você precisa colocá-lo em seu futuro. Para isso, precisa descobrir qual a direção que, em seu espaço sensorial, significa "futuro", para envolver seu cérebro completamente na instalação do objetivo.

Ajude seu inconsciente a organizar o tempo

Como não podemos ver o tempo, tendemos a usar metáforas espaciais para pensar e falar dele. Usamos expressões como "no passado distante", "no curto prazo" e "no futuro distante". Você já está acostumado à ideia de tempo como sendo uma sequência linear de eventos, em que um momento segue o outro. É assim que seu inconsciente organiza memórias passadas – eventos que ocorreram há muito tempo são sentidos muito mais distantes do que alguma coisa que aconteceu ontem, e duzentos anos no futuro está "ainda muito longe", se comparado aos seus planos para amanhã. Você também fala do tempo como se ele seguisse determinada direção com relação a seu ponto de vista – por exemplo, "Deixei isso para trás". Você está habituado a ver gráficos em que o tempo vai da esquerda para a direita ao longo do eixo inferior – se você visse um com o futuro se movendo em sua direção ou com o tempo indo da direita para esquerda seria estranho, porque o tempo pareceria estar "andando" na direção errada.

Examine sua linha do tempo

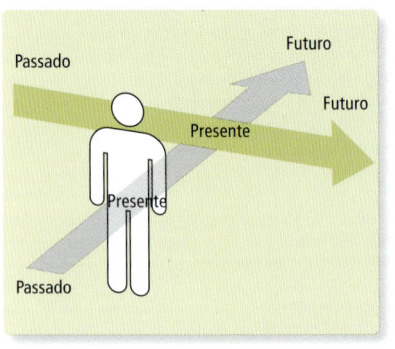

Pense em como visualiza o tempo e sua posição na linha temporal. Duas direções comuns para as linhas podem ser vistas à esquerda. Se você está se movendo em direção a um objetivo parcialmente atingido, é mais provável que veja a si mesmo já no caminho da linha do tempo.

CRIE A VISÃO QUE DESEJA

Descubra sua linha do tempo

Em geral não estamos conscientes de nosso senso de direção do futuro, mas é muito fácil descobri-lo, e visualizá-lo claramente vai ajudar seu futuro a parecer mais real.

→ Pense no tempo como sendo uma linha, em que um momento segue o outro. O passado está numa ponta, o futuro, na outra, e o "presente" entre os dois.
→ Quando você olha para essa linha, em que direção está o passado?
→ Em que direção está o futuro?
→ Note onde está o "presente": é onde você está ou é mais para a frente?
→ Una o passado, o presente e o futuro com uma linha e note onde ela está em relação a você.

De que cor é a sua linha do tempo? A cor não tem significado especial, mas vai ajudá-lo a ver a linha do tempo mais claramente.

Escolha sua direção

As linhas do tempo, em geral, têm uma das seguintes formas:

- O futuro está diante de você, o passado atrás e você está em pé no presente – esta forma torna fácil estar "no momento".
- O futuro está à sua direita, o passado à esquerda e o presente, ligeiramente diante de você – esta forma pode ser útil para a administração do tempo e questões de pontualidade, pois você pode ver onde estão os eventos em relação ao outro.

Estas não são as únicas possibilidades – as linhas do tempo não têm direções certas ou erradas. Escolha a forma que lhe chegar naturalmente em uma situação e use-a em suas visualizações.

DICA Não importa se você não vê sua linha do tempo claramente, desde que você saiba em qual direção o futuro e o "presente" estão.

COLOQUE O OBJETIVO EM SEU FUTURO

Torne seu objetivo convincente

O passo final antes de instalar seu objetivo é tornar sua imagem mental tão viva quanto possível. Você quer uma imagem tão envolvente que o atraia para ela sem que precise motivar-se. Para isso, sintonize-a para magnetizar todos seus sentidos.

- Reforce as qualidades visuais da imagem. Torne-a viva e envolvente, mas não berrante, pois ela tem de permanecer realista para maximizar seu impacto emocional. Depois, entre nela (se já não estiver lá) de modo a vê-la como se estivesse realmente ali.
- Reforce o som e as sensações. O que ouve? Como se sente após ter conseguido seu objetivo – e sabendo que o merece? Faça os ajustes finais necessários e reforce essas sensações agradáveis.
- Agora saia da imagem. Se você ficasse lá, poderia sonhar com o objetivo de olhos abertos para sempre, sem fazer nada. Sair dela serve para lembrar que ainda não chegou lá – e você tem de fazer as coisas acontecerem no mundo real para isso.

TÉCNICAS *para* praticar

Use a linha do tempo como uma ferramenta nesta técnica eficaz para relaxar com rapidez.

Você vai descobrir que irá ajudá-lo a sair de emoções desconfortáveis e dar-lhe alguma perspectiva, se tiver de tomar uma decisão difícil.

1 Feche os olhos e tome consciência de sua linha do tempo.

2 Permita-se flutuar acima do "presente" ou deixe que a linha do tempo desapareça abaixo de você.

3 Flutue até chegar a uma altura em que se sinta confortável.

4 Note como se sente acima da linha do tempo, em vez de estar no mesmo nível.

5 Quando se sentir relaxado, vá para baixo e abra os olhos.

Criando sua visão

Experimentar um objetivo como se já o tivesse atingido torna-o real para você e reforça o sentimento de que ele não só é possível, mas que, sem dúvida alguma, vai acontecer.

Veja-se na imagem
Quando olhar a imagem de seu objetivo, você deve sentir enorme atração motivadora para chegar lá.

Especifique quem está com você
Ver quem estará com você no futuro vai aumentar sua conexão emocional com o objetivo.

Certifique-se de que a imagem é brilhante
Uma imagem grande, brilhante e envolvente, abraçará seu coração, assim como seu intelecto.

DICA Se seu objetivo não for motivador o bastante, certifique-se de que satisfaz todos os critérios POWER e experimente torná-lo ainda mais vivo.

COLOQUE O OBJETIVO EM SEU FUTURO

Instale seu objetivo

"Plantar" um objetivo em sua linha do tempo futuro torna-o parte da paisagem de seu inconsciente e lhe dará certeza de que seu objetivo vai ser atingido – seu inconsciente o tratará como se isso já tivesse ocorrido.

A instalação pode ser um processo emocionalmente muito poderoso, que tem o benefício de cravar fortemente o objetivo na memória e pensamentos. Certifique-se de que ele satisfaz os critérios POWER e que é tão vívido quanto possível antes de instalá-lo.

Combine o consciente com o inconsciente

O processo foi criado para funcionar tanto no nível consciente como no inconsciente. Você pode descobrir que ideias e imagens sobre como atingir o objetivo começam a chegar durante ou logo após o processo de instalação. Qualquer ritual, consistente com seu sistema de crenças, que você desejar executar antes da instalação, como fazer uma oração ou acrescentar vida na imagem de seu objetivo, só pode ajudar a tornar o processo mais significativo para você.

---

use a CABEÇA

Você pode descobrir que fazer flutuar seu objetivo na linha do tempo – um método alternativo e válido – funciona melhor para você.

Algumas pessoas acham que esta variação do processo descrito na página seguinte é a maneira mais fácil de instalar seus objetivos no futuro.

1 Flutue para cima da linha do tempo no futuro, levando seu objetivo.

2 Solte o objetivo sobre a data-alvo. Deixe-o ir para baixo na linha do tempo e cravar-se ali como parte de seu futuro.

3 Flutue de volta para o presente, observando os eventos entre o agora e a data-alvo realinhando-se para ajudá-lo a atingir seu objetivo.

Colocando o objetivo na linha do tempo

Você pode seguir este processo sozinho ou, melhor ainda, pedir a um amigo para guiá-lo a cada passo, deixando-o livre para experimentar seus pensamentos e sentimentos à medida que avançar.

Antes de começar, coloque sua linha do tempo no chão, certificando-se de que tem espaço suficiente para dar um passo além do ponto que representa a data em que vai atingir seu objetivo.

→ Coloque a imagem de seu objetivo em uma moldura imaginária e, enquanto a segura, pise na linha do tempo, olhando para o futuro.

→ Ande pela linha em direção ao futuro, carregando o objetivo. Pare quando o objetivo estiver diretamente sobre a data-alvo. Solte-o e deixe-o acomodar-se na linha.

→ Dê um passo à frente e viva a experiência completamente – envolva-se no sentimento de realização.

→ Dê um passo além de seu objetivo e vire-se, de modo a olhar para trás e ver a proeza bem-sucedida de seu objetivo. Você pode notar que os eventos que levaram àquela realização se realinham para apoiá-la. Que conselho você se daria de volta ao "presente"?

Volte ao "presente" ao longo da linha do tempo e olhe para o futuro. Você sentirá que sabe que o objetivo vai acontecer.

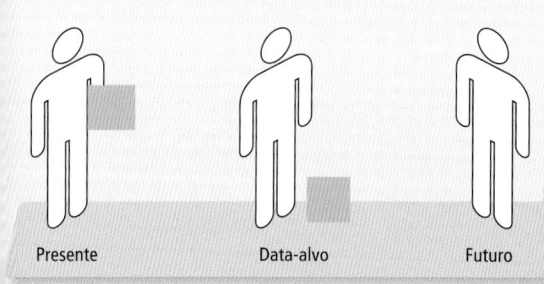

| Presente | Data-alvo | Futuro |

COLOQUE O OBJETIVO EM SEU FUTURO

Chegando lá 5

Agora que você estabeleceu seus objetivos, tem de ir à luta e fazê-los acontecer! Isso pode parecer desalentador – a menos que você identifique claramente rotas potenciais e dê passos para salvaguardar sua energia e compromisso ao longo do caminho.
Este capítulo lhe mostra:
- Por que é importante escrever seus objetivos e assumir um compromisso público
- Estratégias para liberar sua energia e começar
- Como criar uma rota detalhada
- Como permanecer motivado e aprender com seus erros
- Os benefícios de olhar para além dos objetivos materiais e de desempenho

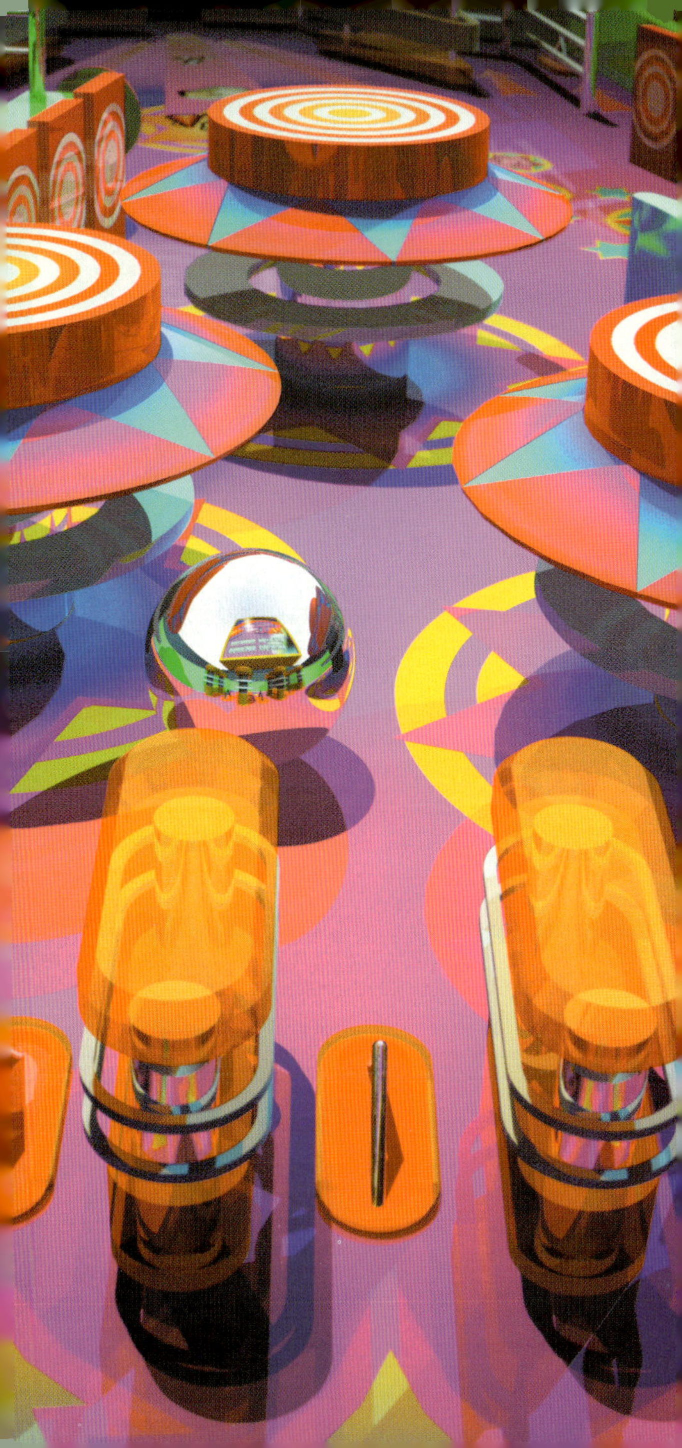

Faça seus objetivos acontecerem

Mesmo depois que seus objetivos forem estabelecidos, é importante planejar a rota em passos administráveis, para que você não se desencoraje com a tarefa. Esta seção lhe mostra como transformar suas ideias em realidade.

Desligue o piloto automático

Os resultados que conseguimos se originam do modo como nossas ações funcionam com nosso ambiente (as pessoas que nos cercam, os recursos disponíveis e regras e expectativas da sociedade). Não podemos controlar o ambiente, mas podemos escolher nossas ações. Assim, quando você muda as ações, seus resultados se modificam (nem sempre de modo previsível, razão pela qual você precisa monitorar os resultados de perto e fazer mais mudanças se for necessário). A maior parte de seu comportamento ocorre no piloto automático, sem análise consciente. Isso funciona bem no dia a dia, pois você nunca teria tempo de pensar em todas as decisões que toma. Contudo, é um desafio quando você quer modificar seu comportamento.

> **Leva-se pelo menos 21 dias para estabelecer um hábito novo**

Permaneça focado

Fazer com que aconteçam mudanças de comportamento é, muitas vezes, comparado ao processo de fazer um petroleiro mudar de rota. Os velhos hábitos têm seu próprio ímpeto. Eles voltarão a se impor assim que você se distrair, até que seus novos hábitos tenham tido tempo para estabelecer-se. Lembre-se de que precisa manter seus objetivos mentalmente diante de você.

> **Uma das ilusões da vida é que a hora presente não é a hora crucial, decisiva. Escreva em seu coração que cada dia é o melhor dia do ano.**
>
> Ralph Waldo Emerson

Mude seu comportamento

A mudança pode ocorrer mais cedo do que você espera. Leva tempo e esforço, mas você pode facilitar as coisas fazendo-a de modo inteligente e não do modo mais difícil.

→ **Escreva seus objetivos.** Quando você os escreve, eles se tornam mais reais do que quando apenas pensa ou fala deles. Escrever os objetivos fixa-os em sua memória e impede que eles mudem ou se desvaneçam. Quando escreve, você ativa o córtex pré-frontal – uma parte do cérebro que lida com expectativas, tomada de decisões e escolhas –, deixando-o mais alerta para notar e mudar comportamentos habituais.

→ **Coloque seus objetivos onde os possa ver todos os dias.** Pendure-os na parede do quarto, de modo que eles sejam a primeira coisa que você vê ao acordar, pregue-os diante de sua mesa no escritório ou tenha-os como mensagem inicial ou no descanso de tela do computador. Tenha-os à mão o tempo todo.

→ **Assuma um compromisso público com os objetivos.** Assim eles darão um passo adiante, passando da ideia à realidade. As pessoas são animais sociais e você provavelmente dá importância ao que os outros pensam a respeito de seus objetivos. Use essa característica para reforçar sua motivação, falando sobre eles às pessoas em quem confia e cuja opinião valoriza.

Implementando a mudança

ALTO IMPACTO	IMPACTO NEGATIVO
• Unir-se a um parceiro que o apoie ao estabelecer objetivos	• Tentar – e não conseguir – trilhar o caminho sozinho
• Manter seus objetivos visíveis e verificá-los com regularidade	• Escrever seus objetivos, depois guardá-los na gaveta
• Discutir seus objetivos com amigos e colegas	• Manter seus objetivos para si mesmo, como um segredo

Lembre-se: você tem escolha

Nas sociedades ocidentais, muita gente, quando criança, teve de tudo e portanto recebeu pouco treinamento em assumir responsabilidades. Durante a adolescência, tarefas simples como lavar os pratos se tornaram campos de batalha na luta por uma identidade independente. Como adulto, esse tipo de *background* pode deixá-lo ressentido com qualquer tarefa que você "tenha" de fazer. Mesmo que a tarefa seja um passo vital na rota para alguma coisa que você realmente quer, pode descobrir-se hesitando ao fazê-la, enquanto reclama para si próprio. Para contornar essa atitude, lembre-se de que você está escolhendo seu curso de ação. Ninguém vai chegar e fazê-la para você. Realize-a alegremente porque vai levá-lo para mais perto de seus objetivos.

Permaneça nos trilhos

Atividades de deslocamento são aquelas que você executa para evitar atacar outras mais importantes, em relação às quais tem uma resistência inconsciente. Um exemplo pode ser checar seus *e-mails* quando tem um relatório importantíssimo para escrever. A atividade de deslocamento é uma tentativa de reduzir o estresse.
Não funciona porque, no fundo da mente, persiste a ideia de que há outra coisa que você deveria estar fazendo. Você vai descobrir que a melhor maneira de reduzir seu estresse é começar sua tarefa mais importante de imediato.

5 em apenas MINUTOS

Se você chegar a um impasse no caminho para seu objetivo, use este lembrete.

As respostas vão relembrá-lo da razão pela qual você precisa agir e devem devolvê-lo aos trilhos com rapidez.

- Que papel esta tarefa desempenha em meu plano?
- De que maneira ela me leva para mais perto de meu objetivo?
- Visualize seu objetivo se aproximando enquanto completa a tarefa, depois volte diretamente ao trabalho.

DICA Ande como alguém confiante. Isso mudará o modo como se sente.

Estimule sua energia

Nossos pensamentos e emoções influenciam os sistemas físicos do corpo, e vice-versa. Se você em pé fica curvado, olhando para os sapatos, vai achar difícil pensar positivamente, mas o inverso também é verdade. Como é sua postura normal e como ela tem influenciado seus sentimentos? Que mudanças vai fazer a partir de agora?

Endireite-se Se ficar em pé com os braços abertos, você vai achar mais fácil ter pensamentos positivos e entusiasmo.

Olhe para a frente É difícil sentir-se infeliz e com baixa energia quando você está olhando para a frente e observando o mundo.

Pense positivo Mantenha a posição e deixe pensamentos empolgantes fluírem por seu corpo. Experimente-os plenamente por um minuto.

FAÇA SEUS OBJETIVOS ACONTECEREM

Focalize-se nos resultados que deseja

A maior parte das coisas se torna mais fácil se você se focalizar no resultado final, em vez de pensar no trabalhão que dá chegar lá – sua maneira de pensar passa de passiva a ativa e fica mais perto de ser o lado Causa do espectro.

O objetivo deve permanecer nítido

Se você está trabalhando para obter um ou mais objetivos de longo prazo pode descobrir que, com o tempo, seu foco se embaça um pouco. Se discutir seus objetivos com outras pessoas, elas nem sempre vão apoiá-lo; outros fatores externos podem levantar dúvidas em você e, finalmente, sua determinação pode começar a enfraquecer. Você pode impedir que isso aconteça ao longo do caminho mantendo um processo constante de avaliação. Mesmo se seu objetivo permanecer constante, outras coisas – circunstâncias pessoais ou relacionamentos, ou circunstâncias de pessoas próximas – podem mudar. Você pode precisar reconsiderar o caminho para seu objetivo, entretanto, não vacile nem perca o foco. Reveja calmamente seus passos para alcançar seu objetivo e

Estudo de caso: falando em reuniões

Kim, gerente de *marketing*, achava difícil falar em reuniões importantes porque se sentia constrangida. Ainda assim, em outras áreas do trabalho, ela era confiante e focada. Ela percebeu que estava indo para as reuniões sem uma ideia clara do que queria extrair delas, mesmo que as decisões a tomar tivessem impacto importante em seus projetos. Depois de discutir o assunto com seu *coach*, ela decidiu saber claramente, antes de cada reunião, como queria que elas fossem. Kim descobriu-se falando para influenciar o resultado de seus projetos sem nem mesmo pensar nisso.

• *Como ela agora tinha um resultado desejado em mente, a atenção de Kim estava dirigida para fora de si mesma para "ler" o humor dos outros participantes, em vez de para dentro, para suas inibições.*
• *Ela começou a descobrir que, mesmo fora do trabalho, as pessoas a viam como líder na maior parte dos grupos de que participava.*

> **DICA** Aumente seu envolvimento emocional a cada passo ao longo do caminho perguntando a si mesmo: "O que esse passo significa para mim?"

veja se algum deles precisa ser mudado para levar em conta outras mudanças.

De trás para a frente

Mesmo quando as pessoas estabeleceram um objetivo convincente para si próprias, podem não saber por onde começar. De todas as ações possíveis que estão diante de você, que passo deveria dar primeiro? Quando instalou seu objetivo na linha do tempo, alguns marcos, ao longo do caminho de seu objetivo, podem ter aparecido em sua mente enquanto andava de volta para o "agora". Para assegurar-se de que sabe claramente o melhor caminho, use a abordagem do lado esquerdo do cérebro que se vê no fluxograma à direita. Ele é baseado no princípio de que você vai achar mais fácil estabelecer a rota quando começar de onde quer estar e trabalhar para trás. Melhor ainda, ele lhe oferece um caminho nítido de ação, de modo que você saiba não só o que vem primeiro, mas o que virá em seguida também.

Marcos do objetivo

Pegue uma folha de papel grande e escreva seu objetivo na margem direita. Imagine que já conseguiu seu objetivo.

⇩

Pergunte a si mesmo que condições precisavam ser atendidas antes que esse objetivo fosse alcançado. Escreva cada condição à esquerda do objetivo.

⇩

Desenhe flechas unindo as condições ao objetivo. Trate cada uma delas como resultado de outras condições prévias.

⇩

Pergunte "que condições precisavam ser satisfeitas para que isso acontecesse?". Escreva-as nos lugares apropriados, à esquerda dos resultados.

⇩

Continue trabalhando de trás para a frente até chegar ao primeiro passo. Agora você tem os "marcos" essenciais ao longo do caminho.

Aproveite suas forças

Ninguém é bom em tudo. Tentar seguir a fórmula do sucesso de outra pessoa pode significar que tentamos nos tornar alguma coisa que não somos e depois culpar a nós mesmos quando a fórmula não funciona.

Permaneça atento

Preencher qualquer lacuna em suas aptidões que o detenha e enfrentar os desafios de aprender novos comportamentos pode ser muito útil – mas, se fizer apenas isso, a vida será uma rodada constante de trabalho duro e você pode ficar desmotivado.
A adaptação inevitavelmente consome energia: para tornar seu caminho para o sucesso sustentável, você também precisa usar seus pontos fortes, aquilo em que é naturalmente bom. Quanto melhor conhecer a si mesmo e os modos prováveis como vai responder a cada situação, mais fácil será escolher o melhor caminho para você.

- Note quais aspectos do caminho para chegar ao objetivo o entusiasmam e quais o desanimam. Se puder, encontre maneiras de tornar as tarefas mais fáceis delegando-as a alguém que seja bom nelas. Lembre-se, você não é obrigado a fazer tudo sozinho.
- Certifique-se de que todas as ações necessárias para atingir seu objetivo sejam cobertas por outra pessoa, se você não puder – não ceda à tentação de negligenciar aquelas em que você não é bom.

Usando a ajuda com eficácia

ALTO IMPACTO	IMPACTO NEGATIVO
• Encarar todas as tarefas que devem ser executadas para você atingir seu objetivo	• Olhar apenas para aquelas tarefas em que está confiante que pode fazer sozinho
• Delegar quando necessário	• Recusar delegar qualquer trabalho
• Assumir aquelas tarefas para as quais você tem aptidão natural e com as quais gosta de trabalhar	• Trabalhar em uma multidão de tarefas simultaneamente e não gostar de nenhuma delas

CHEGANDO LÁ

Amplie sua autoconsciência

Quando seu autoconhecimento é forte, é menos provável que você sabote seus próprios esforços inconscientemente, porque já sabe como pensa e opera. Use estas perguntas para aprender mais a seu respeito.

→ **Você recarrega suas energias saindo com bastante gente ou relaxando sozinho, junto com um amigo ou parceiro?** Se a resposta for "bastante gente", seu caminho para os objetivos precisa incluir muitas oportunidades para uma vida social intensa ou trabalhar em grupo para manter alto seu nível de energia. Se a outra opção for mais atraente, reserve algum tempo para si mesmo, para restaurar suas energias.

> Pode haver caminhos diferentes para o mesmo objetivo

→ **Como sabe que está fazendo um bom trabalho?** Você "simplesmente sabe" ou precisa ouvir isso de outras pessoas? Se precisar de muito *feedback*, descubra de onde vai consegui-lo enquanto estiver a caminho de seu objetivo – se não conseguir o bastante, você pode começar a duvidar de suas próprias aptidões e isso, por sua vez, diluirá o esforço que está fazendo, ficando mais difícil atingir o objetivo. Se você "simplesmente sabe", pode querer sondar outra pessoa ocasionalmente, para ter uma visão equilibrada de seu progresso e para assegurar-se de que continua na rota certa e de que sua visão do objetivo final permanece clara.

→ **Você fica mais à vontade com detalhes ou com a imagem do todo?** Se você for detalhista, pode precisar deliberadamente se lembrar de seu objetivo final de tempos em tempos, de modo a não se perder nas trivialidades do dia a dia, enterrado nas minúcias da vida diária. Se estiver mais interessado na imagem do todo, pode ser conveniente buscar a ajuda de alguém para verificar-lhe os detalhes, para o caso de ter saltado alguma coisa.

APROVEITE SUAS FORÇAS

Manobre a sobrecarga

Algumas vezes parece haver coisas demais para fazer e os grandes projetos podem parecer opressivos. Se você seguiu a orientação até agora, isso não deveria acontecer com frequência, mas, quando ocorrer, aqui está como cuidar dela.

Não faça coisas demais

Se você tem projetos demais ao mesmo tempo, terá de fazer algumas escolhas: quais vai completar e quais podem ser realizados mais tarde. Consulte a folha de objetivos de "seis anos, três anos, um ano" para lembrar-se de suas prioridades. Adquira o hábito de dizer não a qualquer novo projeto até conseguir controlar os compromissos do presente. Se uma tarefa parece grande e opressiva demais, decomponha-a em tarefas menores até chegar a um tamanho com que se sinta confortável. Mantenha seu objetivo final em mente e lembre-se de que cada tarefa é um passo em direção a ele.

Administre seu projeto
Decomponha grandes tarefas como se estivesse construindo uma casa – divida-as em estágios administráveis e ocupe-se deles um por um.

TÉCNICAS *para* praticar

Use um sistema que funcione para fazer as coisas: aprenda a não procrastinar.

Quando você não age, em geral é porque não quer empreender a tarefa. Você sabe que o trabalho precisa ser feito, pensa como isso vai ser chato, decide não fazê-lo ainda e depois anda em círculos até que não pode postergá-lo mais. Isso gasta mais energia do que fazê-lo imediatamente. Use esta técnica sempre que perceber que começa a procrastinar.

1 Pense no trabalho que menos gosta de fazer.

2 Imagine como as coisas estarão boas depois que o tiver completado e, por consequência, como se sentirá bem.

3 Mantenha esta imagem na mente, dê à tarefa cinco minutos de sua mais completa atenção e veja como irá longe.

Ponha as coisas em perspectiva

Use sua linha do tempo para ajudá-lo a colocar o trabalho em perspectiva e ganhar um foco geral sobre o que tem a fazer. Mentalmente, coloque sua linha do tempo no chão, com as datas de início e fim do projeto marcadas. Afaste-se dela até uma distância suficiente para ver a tarefa no contexto do tempo antes que começasse e depois que estiver pronta. Isso lhe dará uma perspectiva mais precisa e reduzirá seus sentimentos de "opressão" até que você tenha controlado seus compromissos atuais e tenha tempo para pensar se tem espaço para assumir outros.

> **Tenha sempre seus compromissos em mente**

DICA Deixe algum "tempo de contingência" para coisas que precisam ser resolvidas inesperadamente – não preencha toda sua agenda.

MANOBRE A SOBRECARGA

Resumo: fazendo os objetivos acontecerem

Para atingir seus objetivos é preciso compromisso e foco – com uma rota bem planejada e estágios administráveis, isto não será muito difícil. Use suas forças, mas não negligencie os passos menos agradáveis; com ajuda externa, consultoria ou treinamento, quase sempre você superará suas limitações. Se começar, o resto logo se encaixará no lugar.

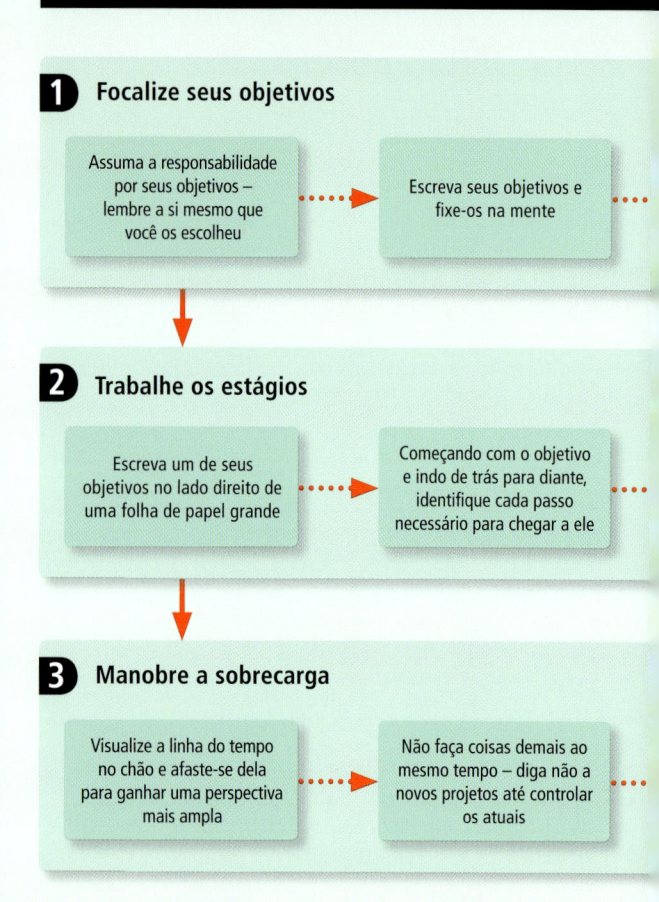

Plano de ação

1 Focalize seus objetivos

Assuma a responsabilidade por seus objetivos – lembre a si mesmo que você os escolheu

→ Escreva seus objetivos e fixe-os na mente

2 Trabalhe os estágios

Escreva um de seus objetivos no lado direito de uma folha de papel grande

→ Começando com o objetivo e indo de trás para diante, identifique cada passo necessário para chegar a ele

3 Manobre a sobrecarga

Visualize a linha do tempo no chão e afaste-se dela para ganhar uma perspectiva mais ampla

→ Não faça coisas demais ao mesmo tempo – diga não a novos projetos até controlar os atuais

- Mantenha seus objetivos onde possa vê-los diariamente
- Comprometa-se publicamente – conte-os a alguém em quem confia ou junte-se a um parceiro

- Identifique os passos de que vai gostar ou achar fáceis e aqueles mais difíceis
- Encare as áreas mais fracas – delegue-as ou faça algo para vencer suas fraquezas

- Decomponha tarefas difíceis em estágios menores, mais fáceis de administrar
- Comece, mesmo que tenha apenas cinco minutos. Você vai se sentir melhor por ter começado

RESUMO: FAZENDO OS OBJETIVOS ACONTECEREM

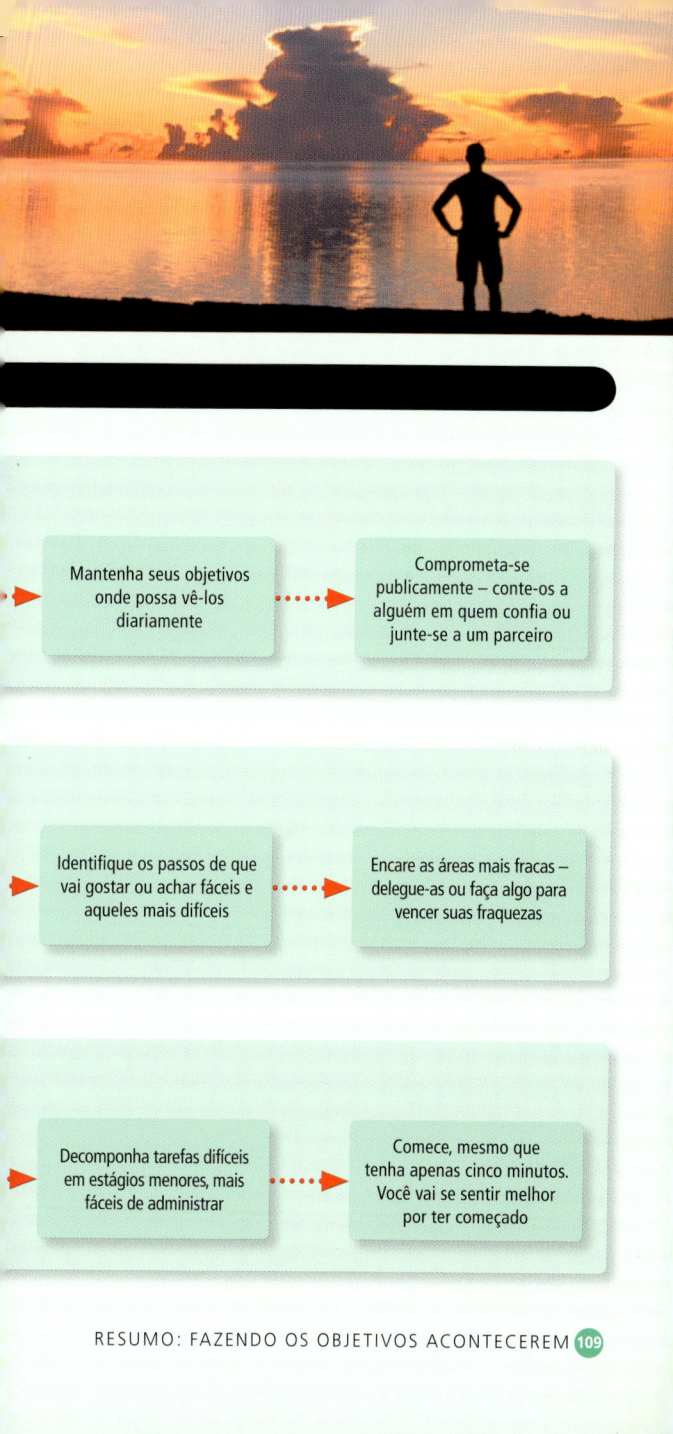

Justifique sua autoimagem

Os psicólogos descobriram que as pessoas tendem a agir de acordo com a imagem que têm de si mesmas. Se você se vê como uma pessoa orientada para a realização, é mais provável que execute as ações que o levarão a ela.

Comece

Você vai descobrir que, assim que der um pequeno passo na direção desejada, começará a ver a si mesmo como esse tipo de pessoa. Por exemplo, se não consegue arrumar a bagunça de sua casa, pode começar comprometendo-se a limpar apenas uma gaveta – e aí realmente fazê-lo. Isso torna mais provável que você vá adiante e organize mais coisas, se não de imediato, pelo menos no dia seguinte. Também lhe dará experiência de referência de manter compromisso consigo mesmo, de modo que começará a ver-se como uma pessoa que cumpre suas promessas. Como qualquer outra crença, a autoimagem se torna uma profecia autorrealizada que facilitará executar ações em direção a seus objetivos no futuro. Quanto mais experiências de referência você criar, mais acreditará em si mesmo como realizador.

> **Assim que o primeiro passo for dado, o trabalho logo será terminado**

Observe-se mudando

Um dos motivos pelos quais muita gente se sente mal é por sempre comparar seu desempenho com o de outra pessoa e ver que não está na mesma altura. Um modo mais eficaz de monitorar seu progresso é comparar onde você está agora com onde estava antes e notar como foi longe e os progressos que fez.

DICA Em vez de comparar-se com pessoas que admira, deixe que elas o inspirem.

Reforce sua motivação

Os psicólogos e treinadores de animais descobriram que a maneira mais eficaz de ajudar pessoas e bichos a adquirir novos hábitos é recompensá-los e reforçá-los quando fizerem as coisas certas, em vez de punir os erros.

Você pode usar esse princípio para sustentar sua motivação.

→ Quando estiver aprendendo alguma coisa nova ou praticando novas atitudes, focalize-se nas melhoras em relação a seu desempenho anterior, em vez de repreender-se por qualquer erro ou omissão.

→ Recompense-se por chegar a cada marco do caminho, a fim de manter alta sua motivação – você não tem de esperar até atingir o objetivo final para começar a sentir-se bem a respeito dele!

→ Reserve um momento no final de cada dia para verificar o que aconteceu que o levou para mais perto de seu objetivo. Isso fornece reforço comportamental a seu inconsciente, informando-o de que está no caminho certo e estimulando-o a continuar assim.

Imagine-se vencedor Veja-se como um sucesso e será mais provável que você o obtenha.

Cuide de si mesmo

A jornada para atingir seus objetivos pode ser longa e algumas vezes será mais fácil do que outras. Para chegar lá, você precisa fazer uso sensato de tudo que tem, sobretudo de seu recurso mais precioso, sua energia.

Seja bom com seu corpo

Você pode fazer a diferença para sua própria estabilidade emocional e humor. Uma das maneiras mais eficazes é largar o café. A cafeína (também presente em doses menores no chá, refrigerantes de cola e no chocolate) imita o efeito da adrenalina para lhe fornecer uma onda alta de energia seguida por uma baixa. Isso pode ter o efeito de uma montanha-russa sobre suas emoções. Alimentos adocicados têm efeito semelhante. Se decidir reduzir seus níveis de cafeína, faça-o aos poucos, diminuindo uma xícara por dia, para evitar as dores de cabeça que algumas vezes acompanham a retirada abrupta.

TÉCNICAS *para* praticar

Aprenda a usar seu inconsciente para ajudá-lo a deixar maus hábitos e enfoque-se nas causas subjacentes.

Estabeleça a que propósito seu inconsciente pensa que esses comportamentos estão atendendo. Quando você descobrir, será mais fácil deixar os maus hábitos.

1 Feche os olhos, pare a mente e forme uma imagem que representa o hábito. Pode ser aquela vozinha persistente que o estimula a querer um cigarro, por exemplo.

2 Agradeça à imagem por comunicar-se com você. Se você não gosta de seu próprio hábito, isso pode ser difícil – lembre-se de que seu inconsciente quer o melhor para você.

3 Pergunte à imagem o que está tentando fazer para você. Espere pela resposta, que pode chegar como um pensamento ou uma imagem.

4 Pense em outras maneiras de chegar ao mesmo resultado, sem os inconvenientes. Cheque se eles são tão eficazes para satisfazer a boa intenção por trás daquele mau hábito.

Mantenha sua energia

ALTO IMPACTO
- Pense no futuro – coma bem e exercite-se regularmente para manter sua energia estável
- Reconheça as baixas de energia e equilibre melhor suas atividades para minimizá-las
- Durma o suficiente, para levantar-se animado todas as manhãs e permanecer alerta o dia inteiro

IMPACTO NEGATIVO
- Usar estimulantes – açúcar, cafeína ou nicotina – para manter seu nível de energia
- Ignorar as baixas de energia e trabalhar direto através delas, ao ponto de exaustão
- Manter hábitos de sono erráticos e tratar o cansaço ou a insônia com medicamentos

Aprenda a interpretar seus sintomas

Estilos de vida pouco saudáveis são fatores que contribuem para muitas doenças. Algumas vezes, os sintomas físicos podem ser sinais de alerta de que seu estilo de vida precisa mudar. As dores de cabeça de estresse podem ser um sinal de que você está trabalhando demais, a indigestão persistente pode estar indicando que é necessário mudar a dieta e assim por diante. Se você ignorar esses sintomas ou simplesmente os suprimir com medicamentos que não necessitam de receita médica, o alerta pode ser reenviado de uma forma mais difícil de ignorar. Consulte o médico quando os sintomas aparecerem. Não há nada a perder se você perguntar a si mesmo (ou à parte do corpo onde os sintomas aparecerem): "Se isso for uma mensagem para mim, o que está tentando transmitir-me?" Quando receber uma resposta que faz sentido para você, aja de acordo. É muito melhor fazer um pequeno ajuste agora em seu estilo de vida do que arriscar uma mudança grande forçada por uma enfermidade mais tarde.

É essencial cuidar de si mesmo, porque você vai viver o bastante para desejar tê-lo feito.

Grace Mirabella

Aprenda com seus erros

A menos que você tenha muita sorte, nem todos os passos ao longo do caminho para seu objetivo serão fáceis. Ocupe-se dos erros e problemas inesperados considerando-os oportunidades para aprender.

Não se perturbe com os problemas

Quando alguma coisa não ocorre como se espera, pergunte a si mesmo: "O que preciso aprender com isso?" e crie algum espaço mental para que a resposta venha a você. Fazer essa pergunta significa que você vai aprender com seus erros. Se escolher não aprender com um determinado erro, a vida vai continuar lhe enviando mais oportunidades para adquirir aquela lição, até que você a compreenda.

Permaneça realista

Uma maneira de não aprender com as lições que a vida nos dá é fingir que não há problema. Pode ser o caso quando, algumas vezes, as coisas estão indo bem. Mas, se você acredita que tudo tem de ser perfeito, a tentação é ignorar quaisquer sinais de que não é. Em geral, quanto mais o problema for deixado de lado,

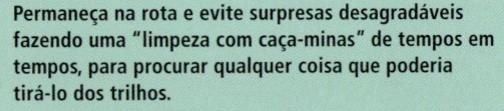

> ### use a CABEÇA
>
> **Permaneça na rota e evite surpresas desagradáveis fazendo uma "limpeza com caça-minas" de tempos em tempos, para procurar qualquer coisa que poderia tirá-lo dos trilhos.**
>
> A função de um caça-minas é alertá-lo para quaisquer circunstâncias que tenham mudado desde que você estabeleceu seu objetivo:
> - O que não saiu como eu esperava?
> - No que tenho de ficar de olho?
> - Em que preciso prestar atenção neste momento?
> - O que (se houver algo) não estou admitindo para mim mesmo?
>
> Execute a ação apropriada para lidar com a preocupação que essas perguntas destacam antes de ir adiante.

TÉCNICAS *para* praticar

Esta é uma maneira rápida de livrar-se do sentimento de estar "travado" que pode ocorrer quando você tem um contratempo.

Ajuda-o a recuperar seu equilíbrio, voltar ao controle e começar a ir adiante de novo.

1 O que está entre você e seu próximo marco? Identifique tantos elementos do problema quanto possível.
2 Veja cada elemento e decida se está em seu poder ajeitá-lo ou não.
3 Decida o que vai fazer sobre cada elemento que possa ajeitar – e faça-o.
4 O que sobrou vai impedi-lo ainda de alcançar seu marco? Em caso positivo, peça ajuda ou tome uma rota diferente para chegar ao objetivo.
5 Pergunte a si mesmo o que necessita aprender com essa experiência.

---

sem que nos ocupemos dele, mais esforço será necessário para resolvê-lo. Outro inconveniente do extremo otimismo é que ele leva a um estado mental facilmente perturbável. Quando as coisas dão errado, torna-se fácil demais tomar isso como algo pessoal, ressentir-se com o mundo por fazê-lo sofrer e procurar outras pessoas para culpar – nada disso o ajuda a resolver o problema.

Aceite a incerteza

Quando você aceita que a vida não é perfeita, torna-se mais fácil ver problemas chegando e impedi-los de acontecer. Isso também o capacita a aprender com o que acontece. Assim que você estiver confiante de que vai aprender com qualquer coisa que o futuro lhe traga, uma grande quantidade de razões para preocupar-se com coisas que não dão certo vai desaparecer.

DICA É fácil sentir-se bem consigo mesmo quando as coisas estão indo bem. Você mostra seu verdadeiro caráter na força com que responde a contratempos.

Para além de seus objetivos

À medida que você vai em direção a seus objetivos, também está mudando a si mesmo. Quanto mais se aventurar para além de sua zona de conforto, mais aprenderá sobre si e sobre o que é possível fazer no mundo.

Procure o que o faz feliz

As pesquisas descobriram que a melhora nas condições materiais (como ganhar na loteria ou uma promoção) traz o aumento temporário da felicidade, mas, depois, o nível de felicidade reverte para onde estava. Só quando uma brecha nos níveis mais baixos da Hierarquia de Necessidades é remediada há um aumento permanente de felicidade. A felicidade duradoura invariavelmente vem de sua atitude interior. Seus objetivos podem mudar e desenvolver-se à medida que você caminha em direção a eles por duas razões:

> **Ao atingir um conjunto de objetivos, aparece outro conjunto**

- Porque você consegue informações mais relevantes à medida que se dirige a seus objetivos.
- Porque você mesmo está se desenvolvendo.

Trabalhe com isso – se você não tivesse estabelecido seus objetivos originais, nunca teria descoberto que pode olhar mais para o alto. Também podem ter surgido desafios que você não encontraria se tivesse ficado em sua zona de conforto. Agora você tem várias estratégias para lidar com eles e pode atacá-los firmemente.

Curta o futuro

O que acontece quando você atingir os objetivos que estabeleceu para si? Esta é uma questão que só seu futuro "eu" pode responder. Quando você atingir seus objetivos, verá novos desafios e novas oportunidades que não pode imaginar agora – e a única maneira de ver essas maravilhosas possibilidades é começar a trabalhar seriamente em direção aos objetivos que tem hoje.

A Hierarquia das Necessidades

O famoso psicólogo Abraham Maslow criou o modelo da Hierarquia de Necessidades da motivação humana, que nos dias de hoje é amplamente aceito como padrão do modo pelo qual trabalhamos para atingir nossos objetivos.

Leia a Hierarquia das Necessidades de baixo para cima. A ideia subjacente é que nossos objetivos serão direcionados para satisfazer essas necessidades pela ordem, começando com a mais básica – alimento e abrigo. Se alguém não tem onde morar, é pouco provável que dê importância ao *status* ou à autorrealização até que tenha satisfeito suas necessidades mais prementes. Você notará que os níveis mais baixos são impelidos inteiramente por motivação "para longe de", ao passo que a motivação no nível mais alto se tornou inteiramente "em direção ao" objetivo desejado.

A implicação prática que a Hierarquia das Necessidades lhe oferece para estabelecer objetivos é que você precisa certificar-se de que tem o básico antes de estabelecer objetivos mais abstratos. Antes de estabelecer qualquer propósito, faça algumas checagens para assegurar-se de que suas finanças, relacionamentos e saúde estão em boa ordem e funcionando bem.

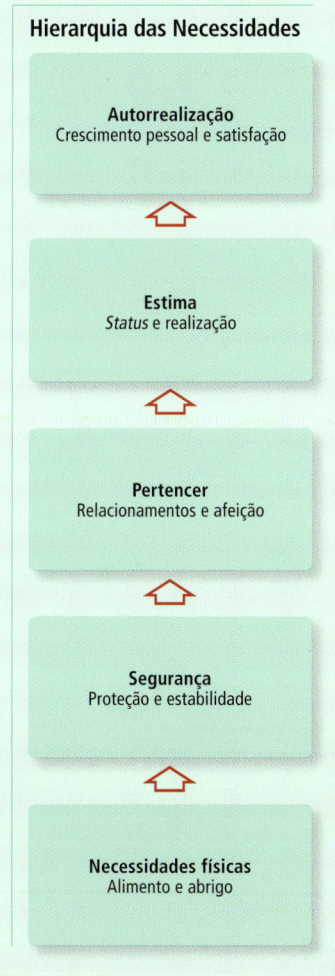

Hierarquia das Necessidades

Autorrealização
Crescimento pessoal e satisfação

⇧

Estima
Status e realização

⇧

Pertencer
Relacionamentos e afeição

⇧

Segurança
Proteção e estabilidade

⇧

Necessidades físicas
Alimento e abrigo

Índice

aceitação
　incerteza 115
　valorização 35
adiando tarefas 45
administração do tempo 45
altos e baixos, gráfico 40
ansiedade, eliminação 19, 64
apresentações
　ansiedade, eliminação 64
　tornando-se calmo 19
arrumando a bagunça 80, 110
atividades de deslocamento 22, 100
autoavaliação de habilidades 8-11
autoconsciência
　ampliando 105
　desenvolvendo 38-41
autoculpa 14
autoeficária VER poder pessoal
autoestima, estimulando 77
autoimagem, justificando 110-111
autossabotagem 27
avaliar problemas 64

cafeína, largando 112
causa e efeito 16-17
centrando-se 20, 21
checklists, estabelecendo objetivos 82
comparações 110
compromisso, entusiasmo 87
compromisso público 99
consciência, aumentando 20
consequências, atingindo o objetivo 86
contratempo 114-115
conversar consigo mesmo, crenças restritivas 58, 59
Covey, Stephen 45
crenças
　autorrealização 29
　como filtros 28
crenças restritivas, vencendo 58-61
criatividade, promovendo 32
críticas, lidando com 72-73
crítico interior, lidando com 67
cronogramas 85
Csikszentmihalyi, Mihaly 77
culpa, culpar-se 14
custos, atingindo objetivos 86

desordem interior, limpando 22-23
diários, fazendo 41
dinheiro
　como valor 49
　especificando objetivos 84-85
　motivação 31

drama, limitando 31

efeito halo 29
efeito Pigmaleão 29
efeito placebo 29
efeitos POWER 82-89
emoções
　distinguindo objetivos 78
　envolvimento 103
　expressando 38-39
　poder pessoal 18
　reconhecimento 26
energia
　estimulando 101
　manutenção 112-113
energia mental
　aumentando 76
　organizando a bagunça 80
ensaiando, novas crenças 61
escolha, lembrando 100
escrevendo os objetivos 99
especificando objetivos 84-85
estabelecendo objetivos 76-89
estados "fluidos" 77
estresse
　acalmando-se 19
　positividade 32
　redução 100
　VER também relaxamento
eu, reconhecimento 39
exercício, clarear a mente 22
exercício, sentindo-se melhor 63

feedback
　crítica 72
　não fracasso 15
filtros, crenças 28
flexibilidade
　pontos de vista 70-71
　valores 49
flutuando seus objetivos 94
foco
　centrando-se 20, 21
　estabelecimento de hábitos 98
　no futuro 77
　no presente 17
　o que está funcionando 34-35
　o que você quer 30-31
　resultados desejados 102-103
força de vontade 26
forças
　aproveite 104-105
　conheça 34-35
fracasso
　aprendendo com 114-115
　círculo do 15
　culpar a si mesmo 14
　pense *feedback* 15

futuro
  colocação de objetivos 90-95
  curtindo 116
  foco no 77
  olhando para diante 44-45, 76

gatilhos, neutralizando 66

horizonte temporal 44

impacto
  altos e baixos 40
  implementando a mudança 99
  manutenção da energia 113
  olhando para a frente 44, 87
  usando a ajuda 104
impasse, rompendo 100, 115
incerteza, aceitação 115
inconsciente
  atraindo 78
  dizendo "não" 25, 82-83
  drama 31
  instalação de objetivos 94
  maus hábitos 112
  organização do tempo 90
  poder do 24-29
inconvenientes 114-115
instintos, usando 26-27
investigação apreciativa 34, 35

jornadas metáforas 39

limpeza com caça-minas 114
linguagem, dizer "não" 25, 82-83
linguagem corporal, estimulando a
  energia 101
linhas do tempo 90-91, 92, 94-95
  perspectiva 107
  trabalhando de trás para a frente 103

Maslow, Abraham 117
memórias
  boas 33, 64
  pontos de vista 65
metáforas
  expressão 38-39
  negativas 39
  positivas 38
motivação
  "em direção a" 30-31, 51, 52, 81, 117
  "para longe de" 30-31, 51, 81, 117
  reforçando 111

necessidades
  distinção de querer 81
  hierarquia 116, 117

negação 25, 82-83
negatividade, neutralizando 65
nervos, tornando-se calmo 19
Niebuhr, Reinhold 35

objetivos SMART 81
Oração da serenidade 35

pergunta milagrosa 63
perguntas
  inspiradoras 60
  limitando crenças 60
perspectiva, sobrecarga 107
piloto automático, desligando 98
planejando
  olhando para diante 44-45
  prazeres 63
poder pessoal, desenvolvendo 18-21
pontos de vista
  disputas 70-71, 73
  mudando 64, 65
positivo, pensando 64
  apreciação 32-35
  estímulos à energia 101
  feedback 15
  POWER 82-89
postura
  confiança 100
  estímulos à energia 101
POWER 82-89, 94
problemas
  aprendendo com 114-115
  resolvendo 25, 62-69
procrastinação, eliminando 107
projeção, aprendendo 73
propriedade, POWER 82
proprietário de negócio, futuro 44

querer, distinguir de precisar 81

realização de objetivos 96-117
relacionamentos
  lidando com pessoas 70-73
  resolvendo problemas 62
relaxamento
  desordem interior 22
  linha do tempo 92
  resolvendo problemas 62
  santuário interior 23
  tornando-se calmo 19
respirando
  acalmando-se 19
  exercício para limpar a mente 22
responsabilidade, assumindo 14-17
Rosenthal, Robert 29
rotas conhecidas, POWER 87

rotinas
   metáforas 39
   saindo da 63, 115

santuário, construindo 23
saúde, cuidando da 112-113
sobrecarga, lidando com 106-107
solução, foco na 62
sorte, crie a sua própria 16

tarefas importantes *versus* tarefas urgentes 45
tempo de contingência 107
Thorndike, Edward 29

valores
   avaliação pessoal 46
   conflitos 49, 50, 52-53
   conhecer 46-55
   hierarquia 48, 49
visão periférica 19, 20
visualização
   alteração de ponto de vista 64, 65
   conflito de valores 53
   especificando objetivos 84-85
   linhas do tempo 91
   neutralizando a negatividade 65
   novas crenças 61
   objetivos convincentes 92-93

Créditos das fotografias

O editor gostaria de agradecer estas pessoas pela gentil permissão de reproduzir as fotografias. Códigos: (e) = esquerda, (c) = centro, (d) = direita, (a) = alto, (b) = embaixo, (ce) centro à esquerda, (cd) centro à direita.

1: Holger Winkler/zefa/Corbis (e), Reg Charity/Corbis (c), Stephen Toner/Getty (d); **2:** Johannes Kroemer/Getty; **3:** Adrian Turner (a), Creatas/Photolibrary.com (c), Adrian Turner (b); **5:** Peter Cade/Iconica/Getty; **7:** Eric Wessman/Iconica/Getty; **8:** Alt-6/Alamy (e), Ericka McConnell/The Image Bank/Getty (ce), Ghislain e Marie David de Lossy/Getty (cd), Jim Craigmyle/Corbis (d); **13:** © Philippe Royer/HOA-QUI/Imagestate; **17:** Randy Faris/Corbis; **21:** Adrian Turner; **23:** Ericka McConnell/The Image Bank/Getty; **27:** Creatas/Photolibrary.com; **28:** Holger Winkler/zefa/Corbis; **33:** Rommel/Masterfile; **37:** Adrian Weinbrecht/Taxi/Getty; **55:** Matthias Clamer/Getty; **57:** Comstock Premium/Alamy; **67:** Brad Wilson/Iconica/Getty; **69:** Butch Martin/Getty; **73:** Chabruken/Taxi/Getty; **75:** Stephen Toner/Stone/Getty; **83:** Reg Charity/Corbis; **93:** Ghislain e Marie David de Lossy/Getty; **97:** Chuck Elliott/The Image Bank/Getty; **101:** Adrian Turner; **106:** Jim Craigmyle/Corbis; **109:** Eric Wessman/Iconica/Getty; **111:** Colin Hawkins/Getty.

Todas as outras imagens © Dorling Kindersley.

Para maiores informações, veja www.dkimages.com

Agradecimentos

O trabalho de Stephen Covey, em *Os 7 hábitos das pessoas altamente eficazes* e o de Mihaly Csikszentmihaly, em *Flow* [Fluxo] foi útil. O processo POWER descrito no capítulo 4 foi originalmente desenvolvido pela instrutora e consultora administrativa inglesa Jenny Flintoft.

Sobre o autor

ANDY SMITH ensina inteligência emocional e é especializado em PNL (Programação neurolinguística). Durante os últimos dez anos administrou o *workshop* Create The Life You Want e trabalha com clientes particulares e empresas, entre elas a Sony, GlaxoSmithKline e o National Health Service. Escreveu para diversas publicações, inclusive *The Journal of Primary Care Mental Health* e *The Therapist*. Sua empresa, Coaching Leaders Ltd., também administra treinamentos para praticantes de PNL em Manchester. Mais detalhes disponíveis em www.practicaleq.com. Recursos gratuitos para *downloads* para apoiar este livro também estão disponíveis em www.createthelifeyouwant.co.uk